고양이와 함께 살아남기!
재난 대비 생존북

일본 스태프
디자인　monostore(히다카 게이타, 사카이 아야카)
일러스트　사카키 히로코
기획·진행　혼다 마호

KETTEIBAN NEKOTO ISSHONI IKINOKORU BOUSAI BOOK

Copyright ⓒ Nitto Shoin Honsha Co., Ltd. 2018
All rights reserved.

No part of this book may be used or reproduced in any manner
what so ever without written permission except in the case of brief quotations
embodied in critical articles and reviews.

Originally published in Japan by Nitto Shoin Honsha Co., Ltd.
Korean Translation Copyright ⓒ 2025 by BOOKFACTORY DUBULU
Korean edition is published by arrangement with Nitto Shoin Honsha Co., Ltd.
through BC Agency.

이 책의 한국어판 저작권은 BC에이전시를 통해
저작권자와 독점계약을 맺은 책공장더불어에 있습니다.
저작권법에 의해 한국 내에서 보호를 받는 저작물이므로 무단전재와 복제를 금합니다.

수해·화재·지진, 재난의 시대에
소중한 고양이를 지키는 법

재난 대비 생존북

고양이와 함께 살아남기!

네코비요리 편집부 엮음 | 전화영 옮김

물품보다 중요한 것은 상상력이다

'반려동물 재난 대처법' 하면 대부분의 사람은 재난 대비 용품을 떠올린다. 그러나 보호자가 외출했을 때 재난이 발생하면 집에 어떤 물품이 있어도 도움이 되지 않는다. 또한 많은 물품을 이것저것 준비했어도 전부 다 들고 대피하기란 불가능하다. 고양이를 안고 집 밖으로 뛰쳐나가기에도 빠듯할 수 있다.

대피소에서 고양이와 함께 지내는 모습을 상상하는 사람도 있지만 대피소에서 지내는 것만이 대피 생활은 아니다. 집에서 대피 생활을 해야 하거나, 보호자는 대피소에서 지내면서 집에 두고 온 고양이를 돌보러 집을 오갈 수도 있다.

실제로 재난을 당해 본 적이 없는 사람은 막막하다. 그런 경우 재난 대비에도 허점이 생기기 쉽다.

물품 준비보다 중요한 것은 상상력이다. '밖에서 재난을 당했을 때', '집에서 재난을 당했을 때', '재난 시 고양이가 집에서 도망쳤을 때'와 같이 모든 상황을 가정하는 것이다. 그리고 그런 상황에 맞닥뜨렸을 때 어떻게 하면 좋을지 생각하고 실행하는 것이다.

이 책에서는 고양이와 함께 사는 사람이 갖추어야 할 재난 대응의 기본과 모든 상황을 가정한 대책 그리고 알아두는 것만으로도 쓸모 있는 다양한 아이디어를 소개한다.

이 책을 통해 고양이를 지키는 '나만의 재난 대응법'을 만들기를 바란다.

서문 **물품보다 중요한 것은 상상력이다** • 4

재난 발생! 시뮬레이션해 보기 • 8

재난 시 지켜야 할 기본 수칙 3
1 고양이를 지키려면 먼저 사람이 살아야 한다 • 12
2 반려동물과 보호자는 '재난 약자' • 14
3 필요한 대비는 집집마다 다르다 • 16

 **사전 대비만이 살길이다**

최우선으로 준비할 것 **이동장, 사료, 약** • 20
가능한 한 가져갈 것 **고양이 사진과 건강수첩** • 22
대체 가능한 물품 만들기 **고양이 화장실과 그릇** • 24
공용 물품 챙기기 **칼, 테이프, 비닐 봉투, 식품용 랩 등** • 26
기본적인 대비 **물품의 수납 장소와 옮기는 법** • 28
지역의 재난 위험도 조사하기 • 30
집의 내진성 높이기 • 32
화재 위험성 낮추기 • 34
집 안 안전 대책 • 36

마이크로칩, 인식표가 있어야 고양이를 찾을 수 있다 ● 38
유사시를 대비한 고양이 교육 ● 40
유사시를 대비한 고양이 건강관리 ● 42
가까운 대피 장소 알아두기 ● 44
고양이와 대피 훈련해 보기 ● 46
고양이를 지키려면 보호자부터 살아야 한다 ● 48
평소 이웃과의 왕래가 재난 시 빛을 발한다 ● 50

2장 재난 발생 시 행동 요령

재난 발생 순간 어떻게 해야 할까 **사람이 우선 살아야 한다** ● 52
재난 발생 직후 해야 할 일 **대피 경로를 확보한다** ● 54
고양이를 데리고 갈 준비하기 **고양이를 이동장에 넣는 방법** ● 56
집에 있을 때 재난 발생 **동반 대피가 원칙이다** ● 58
고양이를 두고 대피하기 **사료·물·안전 공간 확보하기** ● 60
보호자 외출 중에 재난 발생 **바로 집에 가지 못할 때 고양이의 안부 확인하기** ● 62
밖에서 지진이 발생했을 때 몸을 지키는 방법 ● 64
수해(호우, 홍수, 장마, 토사 재해 등) 발생 ● 66
부상 또는 상태가 좋지 않을 때 **고양이의 응급처치** ● 68
　● 출혈 ● 골절·타박상 ● 화상 ● 열사병 ● 탈수 ● 저체온 ● 호흡 없음 ● 심폐정지
응급처치 전에 의식이 있는 고양이를 붙잡는 방법 ● 71

3장 슬기로운 대피 생활

대피는 대피소에서만 하는 게 아니다 • 80
고양이도 사람도 집 **집이 안전하면 집에서 대피** • 82
고양이의 집, 사람은 대피소 **고양이를 집에 두고 돌보기** • 84
고양이도 사람도 대피소 **고양이도 함께 대피소에 들어가려면** • 86
고양이도 사람도 대피소 **대피소에서 고양이를 돌보는 요령** • 88
고양이도 사람도 차 **차에서 고양이와 함께 지내기** • 90
고양이도 사람도 텐트 **텐트에서 고양이와 함께 지내기** • 92
도저히 돌볼 수 없다면 **고양이 맡기기** • 94
고양이의 추위 대책, 더위 대책 • 96
고양이를 잃어버렸다면 • 98
피해 복구하기 • 100
고양이와 임시주택에서 지내기 • 102
재난 스트레스로 인한 반려동물의 증상 • 104
사람과 고양이의 외상후스트레스장애 • 105

부록

고양이를 위한 비상용품 목록 • 106
보호자를 위한 비상용품 목록 • 108
고양이 건강수첩 • 110
정보 수집 & 안부 확인 방법 • 112

재난 발생! 시뮬레이션해 보기

집에 있을 때 재난 발생

고양이를 실내에서 키운다면 보호자와 함께 집에 있을 때 재난이 발생할 수 있다. 함께 대피하기 쉬운 상황이다.

고양이와 함께 대피 준비

고양이를 이동장에 넣고 필요한 최소한의 물품을 챙겨 대피 준비를 한다.

➡ {56쪽} 고양이를 이동장에 넣는 방법

집에 있어도 안전

보호자가 외출했을 때 재난 발생

보호자가 외출했을 때 재난이 발생할 수 있다. 집에 있는 고양이의 안전은 확보되어 있는가.

➡ {36쪽} 집 안 안전 대책

집에 있으면 위험

귀가할 수 있다

안전하게 귀가할 수 있다면 고양이를 구하러 집으로 간다.

귀가할 수 없다

직장 등에 있는데 건물 붕괴의 우려가 없을 때는 그곳에 머문다. 야외에 있을 때는 가까운 대피 장소로 향한다. 고양이가 무사한지 확인할 수 있는 방법을 찾아본다.

➡ {62쪽} 바로 집에 가지 못할 때 고양이 안부 확인하기

귀가할 수 없다

 재난 발생  6시간

어디서 재난을 당할지, 고양이와 함께 대피할 수 있는지, 대피 생활은 어디서 할지 등 다양한 상황을 염두에 두고 시뮬레이션해 보는 것이 중요하다.

집에서 대기

집의 붕괴, 화재 위험이 적어서 긴급 대피가 필요 없을 때는 집에서 대기한다. 정보를 모으면서 언제든지 대피할 수 있게 준비해 놓는다.

→ 대피 생활

안전이 확보되고 집에 피해가 없으면 귀가

고양이와 함께 대피

고양이도 반드시 데리고 대피한다. 곧 귀가할 수 있다고 생각해 고양이를 두고 갔다가 제한구역이 되면 귀가하지 못한다.

➡ {58쪽} 동반 대피가 원칙이다

→ 대피 생활

사람만 대피

고양이가 잡히지 않거나 고양이가 어디 있는지 모르는 상황에서 대피 명령이 내려지면 고양이를 집에 두고 사람만 대피한다. 사료를 넉넉히 놓아둔다.

➡ {60쪽} 사료·물·안전 공간 확보하기

→ 대피 생활

12시간

대피 생활의 형태는 다양하다

고양이도 사람도 집

안전하다면 집에서 대피 생활을 한다.

➡ {82쪽} 집이 안전하면 집에서 대피

고양이도 사람도 차

눈치 보지 않고 고양이와 함께 지내고 싶으면 차박을 한다.

➡ {90쪽} 차에서 고양이와 함께 지내기

고양이는 집, 사람은 대피소

사람은 대피소에 있으면서 집에 있는 고양이를 돌보러 간다.

➡ {84쪽} 고양이를 집에 두고 돌보기

고양이도 사람도 텐트

눈치 보기 싫으면 고양이와 함께 텐트 생활을 한다.

➡ {92쪽} 텐트에서 고양이와 함께 지내기

고양이도 사람도 대피소

고양이를 허용하는 대피소라면 고양이와 사람 모두 대피소에서 생활할 수도 있다.

➡ {86쪽} 고양이도 함께 대피소에 들어가려면

고양이 맡기기

대피소에서 고양이를 받아주지 않을 때에는 동물병원 등에 고양이를 맡긴다.

➡ {94쪽} 고양이 맡기기

➡ **24**시간 ➡ **7**일

복구까지 염두에 두기

임시주택에서 지내면서 피해 복구

하루라도 빨리 일상을 되찾는 것이 목표다. 집에 머물 수 없는 경우 임시주택으로 옮겨 일상회복을 목표로 한다.

➡ {100쪽} 피해 복구하기

새 주거지에서 새 출발

집을 수리하거나, 새로운 주택을 구입하거나, 임대주택을 빌려 고양이와 함께 생활한다.

도저히 여건이 되지 않는다면 새 보호자 찾기

고양이를 계속 맡길 수밖에 없는 상태라면 고양이의 행복을 최우선으로 생각해 믿을 만한 사람에게 입양 보낼지 생각해야 한다.

➡ {95쪽} 새 보호자 찾기

14일 ▸▸▸ **6개월**

* 복구까지 걸리는 기간은 어디까지나 어림값이다.

재난 시 지켜야 할 기본 수칙 3

고양이를 지키려면 먼저 사람이 살아야 한다

재난 시 고양이를 지키려면 먼저 보호자가 살아야 한다. 보호자가 살지 못하면 고양이가 살아남았다 해도 이후 고양이의 앞날이 어떻게 될지 알 수 없다. 그러므로 '고양이를 위한 재난 대비'도 중요하지만 그 전에 '사람을 위한 재난 대비'가 되어 있어야 한다. 지진이나 화재에 대한 대비, 언제 어느 때 대피해야 하는지의 판단, 가장 가까운 대피 장소까지 가는 길 등 기본적인 재난 대응 지식을 습득한 후 대책을 마련한다. 고양이를 위한 재난 대비는 사람을 위한 재난 대비가 있고 난 뒤에야 의미가 있다.

재난 시에는 '동반 대피'가 원칙이지만 보호자가 생명의 위험을 무릅쓰면서까지 해야 하는 것은 아니다. 실제로 반려동물을 데리고 나오려고 집으로 들어간 보호자가 사망한 사례가 있다. 이처럼 안타까운 사고가 더는 일어나지 않아야 한다. 보호자의 생명을 먼저 지킨 뒤에 어떻게 고양이를 지킬 수 있을지 이성적으로 생각해야 한다.

보호자의 안전 확보가 먼저

고양이와 함께 집에 있을 때 재난이 발생했다면 우선 보호자의 안전부터 확보한다. 건강한 고양이라면 사람보다 민첩하고 생존 공간(생존을 유지하는 데 필요한 공간)도 작게 차지하기 때문에 살 확률이 높다. 보호자의 안전을 확보한 후 어느 정도 진정되면 고양이를 찾는다. 위험이 닥쳐오는데 고양이가 공황 상태에 빠져 붙잡히지 않을 때는 동반 대피를 포기하고 사람만 대피하는 결단도 필요하다.

그렇구나!

사람을 위한 대비는 고양이를 위한 대비도 된다

가까운 대피소의 위치와 집 건물이 지진에 얼마나 버틸 수 있는지를 알 수 있는 내진성을 조사하고, 가구가 쓰러지지 않게 방지책을 마련한다. 사람을 위한 대비는 고양이를 위한 대비가 된다. 책이나 인터넷 등으로 재난 대비의 기본을 찾아본다.

행정기관은 인명 우선

재난이 발생했을 때 행정기관은 인명을 우선해 움직인다. 반려동물은 뒷전이다. 대피소에는 동물을 좋아하지 않거나 동물 알레르기기 있는 사람도 있다. 반려동물을 허용하는 곳이라도 고양이를 옥외나 전용 공간에 두는 것이 기본이다. 보호자와 한 공간에서 지내는 경우는 많지 않다.

반려동물과 보호자는 '재난 약자'

재난이 발생하면 혼란스럽고 이재민의 신경도 곤두선다. "사람이 마실 물도 없는데 동물한테 준다고?" 실제로 이러한 항의가 빗발치기도 한다. 일반적으로 '재난 약자'란 고령자, 장애인, 영유아, 임산부 등 재난에 취약한 사람을 가리키지만, 반려동물과 그 보호자 역시 재난 약자에 해당한다. 돌봐 주는 사람이 필요하다는 점에서 반려동물은 아기와 다를 바 없지만, 아기는 들어가도 반려동물은 받아 주지 않는 대피소가 있다. 따라서 반려동물 보호자가 풀어야 할 숙제가 더 많다. 이런 자각이 있으면 재난 대비도 자연히 달라진다.

반려동물을 위한 재난 대책은 보호자에게 맡겨진다. 고양이를 지키려면 행정기관에 의지하려고 하지 말고 보호자 스스로 대응해야 한다. 필요한 사항과 물품을 챙기고 올바른 지식을 바탕으로 내 고양이를 지키겠다는 굳건한 마음가짐이 필요하다.

반려동물은 대피소 출입 불가!

나라마다 지자체마다 '반려동물 동반 대피' 규정은 다르다. 반려동물의 출입을 금지하는 대피소가 있고, 반려동물을 허용하지만 상황에 따라 거부하기도 한다.

* 우리나라는 '국민재난안전포털'(재난예방대비 → 준비점검 → 비상대처요령 → 일상생활 시)에 안내견 등 봉사용 동물을 제외한 반려동물은 대피소에 데려갈 수 없다고 명시하고 있다._옮긴이

반려동물용 구호물자는 오지 않는다

최우선으로 전달되는 것은 사람용 구호물자다. 재난 시에는 이조차 대피소에 골고루 배부되지 않는다. 반려동물용 구호물자가 언제 올지는 알 수 없다. 따라서 내 고양이를 지키려면 먹을 것을 넉넉히 구비해야 한다.

환경 변화를 따라가지 못해 고양이의 컨디션이 나빠진다

재난 발생으로 충격을 받은 데다 대피소 등 평소와 다른 곳에서 생활하다 보면 스트레스로 고양이의 상태가 나빠지기 쉽다. 켄넬 생활에 익숙하고 늘 먹던 사료가 있다면 스트레스가 조금은 완화될 수 있다.

필요한 대비는 집집마다 다르다

고양이를 지키기 위한 완벽한 안내서가 있으면 좋겠지만 아쉽게도 '이렇게만 하면 완벽하다'고 말해 주는 안내서는 없다. 주거 형태가 다르고 가족 구성과 키우는 고양이의 숫자도 모두 다르기 때문에 보호자 모두에게 꼭 맞는 안내서는 존재하지 않는다.

가령 혼자 사는 직장인인 경우 부재중에 재난이 발생하면 고양이가 무사한지 확인할 방법을 강구해야 한다. 여러 마리를 키우는 다묘 가정이라면 고양이를 모두 어떻게 옮길지가 숙제다. 가족이 있다면 가족끼리 어떻게 연락을 취할지 생각해야 한다. 가족의 안부를 확인했다면 고양이를 구조하는 데 온 힘을 쏟을 수 있다.

이처럼 대비해야 할 사항이 집집마다 달라서 대비법도 각자 다르다. 따라서 이 책에서는 집집마다 다른 고유한 안내서를 만들기 위한 기본 틀을 소개한다.

- 혼자 사는 직장인
- 고양이 1마리
- 아파트 거주

신축 아파트라면 내진성이 높을 것이다. 고양이가 혼자 있을 때 재난이 발생하면 고양이가 무사한지 확인할 수 있어야 한다. 홈카메라를 설치하거나 아파트 내 반려인 모임을 만들어 가입하는 방법 등이 있다.

- 부부, 한 명은 전업주부
- 고양이 3마리, 그중 1마리는 지병이 있음
- 신축 단독주택

신축 단독주택은 내진성이 비교적 높다. 배우자가 집에 혼자 있을 때 재난이 발생하면 고양이 세 마리를 어떻게 옮길지 생각해둔다. 아픈 고양이는 평소 먹는 약을 모아두는 것이 필수다.

- 부부와 자녀 2명, 할머니까지 5인 가족
- 개 1마리와 고양이 2마리
- 오래된 주택
- 자동차 있음

오래된 주택은 내진성이 낮기 때문에 내진 보강 공사를 검토한다. 기동이 불편한 할머니를 어떻게 지킬지가 중요하다. 자동차 트렁크에 비상용품을 상비해 둔다.

* 우리나라는 1988년에 건축물의 내진설계가 의무화되었다. 2017년에는 '2층 이상 또는 연면적 200m² 이상 모든 건축물'에 내진설계를 적용하도록 강화했다. '우리집 내진설계 간편 서비스'를 이용해 확인할 수 있다._옮긴이

1장
사전 대비만이 살길이다

최우선으로 준비할 것
이동장, 사료, 약

이동장

켄넬 형태
튼튼하고 충격에 강하다. 운반하기에 불편하므로 어깨에 멜 수 있는 끈이 있으면 좋다. 위쪽에서도 열 수 있으면 고양이를 넣기 쉽다.

> ⚠️ **이동장은 마리 수만큼**
> 다묘 가정은 기본적으로 고양이의 마리 수만큼 이동장을 구비해야 한다. 이동장에 고양이를 넣을 때 세탁망을 이용하거나 가슴줄이 있으면 좋다.
> ➡ (29쪽) 다묘 가정에서 고양이를 옮기는 법

슬링백 형태
고양이와 사람의 신체가 딱 붙으므로 사람을 잘 따르는 고양이라면 안정감을 느낄 수 있다. 양손도 자유롭다. 다만 날뛰는 고양이는 넣기 어렵다.

백팩 형태
옮기기 쉽고 양손이 자유롭다. 백팩 이동장을 선택했다면 다른 비상용품은 백팩 이외의 가방에 넣는다.

고양이용 비상용품으로 최우선으로 가져가야 할 것은 생명, 건강과 관련된 물품이다. 고양이를 옮기려면 이동장이 필수다. 이동장에 넣지 않은 채 밖에 데리고 나갔다가는 고양이가 도망쳐 행방불명이 될 수 있다.
반려동물용 구호물자는 늦게 도착하므로 사료도 필수로 챙긴다. 환경 변화로 밥을 먹지 않는 고양이도 많기 때문에 기호성이 높은 간식을 준비한다. 고양이가 아프다면 평소 먹는 약과 처방식도 준비한다. 이러한 물품은 가장 먼저 들고 나가는 사람용 비상용품과 같은 가방에 넣어둔다.

POINT
고양이를 옮기려면 이동장이 필수다. 사료도 비축품을 적절히 소비해 가며 넉넉히 모아두어서 큰 재난에 대비한다.

사료

건사료
건사료는 가볍고 영양가가 높다. 유통기한도 길어서 재난 시 요긴하다. 평소 먹는 것과 같은 사료를 비축한다.

사료는 넉넉히 모아 둔다
'비축품은 3일 치'라는 말이 있지만 해마다 재난의 규모가 커지고 있어 3일 치로는 부족하다. 실제로 동일본대지진 때는 구호물자가 2주일 이상 도착하지 않은 지역도 있었다. 되도록 많이 모아두기를 추천한다.

습사료
수분을 함께 섭취할 수 있다는 장점이 있다. 고양이가 걸리기 쉬운 요로결석 같은 하부 요로 질환을 예방하는 데도 도움이 된다. 캔보다 파우치가 가볍고 쓰레기 처리도 쉽다.

간식으로 식욕 증진
평소와 다른 환경에서 고양이가 밥을 먹지 않을 경우를 생각해 기호성이 높은 간식을 준비한다. 고양이는 하루 이상 음식을 먹지 않으면 간에 문제가 생길 수 있으므로 각별히 주의한다.

약

약과 처방식은 필수다. 재난 발생 후 동물병원에서 약을 바로 구입할 수 없을 경우를 생각해 약품명 등을 휴대폰에 사진으로 저장해 둔다. 투약에 필요한 주사기 등도 준비한다.

현명하게 모아두기

무작정 모아두기만 하고 제때 확인하지 않으면 유통기한이 지날 수 있다. 평상시에 넉넉히 구비해 두고 일상생활에서 소비하고, 비운 만큼 다시 채워 넣는 방식으로 현명하게 비축한다. 이렇게 하면 사료를 낭비하는 일 없이 재난에 대비할 수 있다.

없어지기 전에 보충

일상에서 소비

사료를 넉넉히 구입

넉넉한 상태를 유지

가능한 한 가져갈 것
고양이 사진과 건강수첩

고양이 사진

고양이를 잃어버렸을 때 필수
얼굴, 전신, 무늬, 꼬리, 목줄 색깔 등을 알 수 있는 사진을 준비한다. 한 장으로 모든 특징을 알 수 없으면 여러 장을 준비한다.

보호자와 함께 찍은 사진은 보호자를 증명하는 수단이다
고양이와 함께 찍은 사진도 준비하면 좋다. 잃어버린 고양이가 보호소 등에서 보호하고 있는 경우, 자신이 보호자라는 사실을 증명할 수 있어서 고양이를 찾기가 한결 수월하다.

사진을 인화하고 휴대폰에도 저장하길 추천한다. 재난 시 "급하게 뛰쳐나오다 보니 손에 쥔 것은 휴대폰뿐이었다"라고 말하는 사람이 많다.

사진을 찍어 두자.

POINT

고양이를 잃어버렸을 때나 다른 사람에게 맡길 때 필요한 사진과 메모 등을 챙긴다. 공간을 많이 차지하지 않으므로 비상용 가방에 넣어둔다.

고양이를 잃어버렸을 때 보호자 혼자서 찾기에는 한계가 있으므로 실종 전단지를 붙여 정보를 모아야 한다. 이때 사진이 없으면 힘들다. '문과 창문을 닫아 놓았으니 탈출 걱정은 없다'라고 생각할 수 있지만, 집이 무너지거나 대피소에서 관리 소홀로 도망치는 사례도 있다. 그 외에도 임시 보호소에 고양이를 맡길 경우를 생각해 고양이의 건강 상태 등을 적은 '건강수첩'을 만들면 좋다.

고양이 건강수첩

메모할 내용
- 보호자 정보
- 병력
- 건강 상태
- 단골 동물병원 등

고양이를 맡길 때 필수 임시 보호소나 동물병원에 고양이를 맡기는 경우도 있다. 내 고양이를 잘 모르는 사람에게 전달 사항을 전하려면 고양이의 데이터가 필수다. 건강 상태 외에도 백신 접종 이력, 병력 등을 적어둔다.

➡ {110쪽} 고양이 건강수첩

실종 전단지도 만들어 두면 좋다

평소에 실종 전단지를 만들어 두면 안심이 된다. 양식을 무료로 내려받을 수 있는 사이트도 있고, 제작을 의뢰할 수도 있다. 전단지는 물에 젖지 않도록 지퍼백 등에 보관한다.

➡ {99쪽} 실종 전단지 활용하기

주변의 동물병원 여러 곳 알아두기

재난 발생 후 고양이의 몸 상태가 좋지 않거나 다쳐서 치료를 받아야 할 때가 있다. 단골 동물병원도 피해를 입어 치료를 받지 못하는 상황도 있을 수 있다. 그럴 때를 대비해 동물병원을 여러 곳 알아둔다. 대피 장소 등이 표기된 지도에 동물병원의 위치와 전화번호를 적어둔다. 밤에 재난이 발생할 수도 있으니 야간 진료를 하는 곳도 알아둔다.

대체 가능한 물품 만들기
고양이 화장실과 그릇

즉석에서 고양이 화장실 만들기

종이 박스에 비닐 봉투를 씌우면 즉석 화장실
종이 박스를 고양이가 넘을 수 있는 높이로 자르고 오줌이 스며들지 않게 비닐 봉투를 씌운다. 종이 박스가 없으면 비닐 봉투의 끝을 말아서 사용한다.

화장실 모래는 잘게 자른 신문지나 흙, 모래로 대체
잘게 자른 신문지나 화단에 있는 흙·모래를 넣는다. 더러워진 부분은 그때그때 치운다. 배변 패드가 있으면 바닥에 깐다.

평소 쓰던 화장실 모래가 소량 있으면 용변을 보기 쉽다
평소 쓰던 화장실 모래를 신문지나 흙 위에 뿌려 주면 고양이가 화장실을 더 쉽게 이용한다.

고양이 화장실은 유사시에도 손에 넣기 쉬운 종이 박스와 비닐 봉투로 만들 수 있다. 즉 대체가 가능하므로 우선적으로 챙길 필요는 없다. 화장실 모래와 켄넬도 무거우므로 가져오더라도 어느 정도 진정된 후에 가져온다. 처음부터 가져가야 할 물품 목록에서는 뺀다.
밥그릇과 물그릇도 있으면 편리하겠지만 신문지나 페트병으로 직접 만들 수 있다. 물품을 만들 때 필요한 커터 칼과 테이프를 준비한다.

POINT
고양이용 물품 중에는 대체 가능한 물품도 있다. 가져가야 할 물품을 줄인다.

밥그릇과 물그릇을 직접 만든다

신문지로 만든 그릇

우유팩으로 만든 그릇

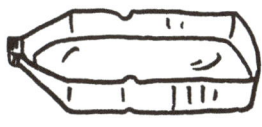
페트병으로 만든 그릇

신문지를 접어 상자 모양으로 만들거나 우유팩이나 페트병을 잘라서 그릇으로 쓸 수 있다. 고양이가 다치지 않게 페트병을 자른 단면은 테이프로 붙인다. 씻을 물이 부족한 상황에서 그릇에 습사료를 그냥 올리면 더러워지므로 그릇 위에 식품용 랩을 깔아 사용하면 좋다. 이 방법은 사람 그릇에도 적용할 수 있다.

* 고양이가 랩을 먹지 않게 주의한다.

켄넬은 나중에 챙기기

고양이와 함께 대피소에서 생활하려면 켄넬이 필요하다. 하지만 대피의 기본은 걷기이기 때문에 무거운 켄넬까지 챙기기는 어렵다. 일단 대피한 후 안전이 확보되면 가지러 가는 게 낫다.

대신 처음부터 작게 접을 수 있는 소프트 켄넬을 챙겨가면 위기를 넘길 수 있다. 그것도 없을 때는 고양이에게 가슴줄을 채우고 종이 박스로 집을 만들어 주는 방법도 있다. 어느 쪽이든 고양이가 이동장 생활에 익숙하지 않으면 스트레스로 힘들어할 수 있으므로 평상시에 미리 적응시키는 것이 바람직하다.

일본 지자체 중에는 대피소에 반려동물 이동장 여러 개를 준비해 두는 곳도 있다.

➡ {41쪽} 켄넬에 적응시키기

공용 물품 챙기기
칼, 테이프, 비닐 봉투, 식품용 랩 등

칼
칼은 종이 박스로 고양이 화장실을 만들거나 페트병으로 그릇을 만들고 식재료를 자르는 데 쓸 수 있다. 튼튼하고 큼직한 것이 좋다.

테이프
종이 박스 등을 활용해 물건을 만들 때 테이프는 필수품이다. 종이 테이프를 붙여 유성펜으로 메시지를 쓰면 즉석 메모판이 된다. 납작하게 누르면 공간도 덜 차지한다.

신문지
신문지는 고양이의 화장실 모래 대신 사용할 수 있고, 몸에 두르면 방한 용품이 되고, 접어서 그릇 등을 만들 수 있다.

유성펜
종이 테이프나 박스에 글씨를 쓸 수 있게 굵은 유성펜이 좋다. 물에 번지지 않고 일반 테이프에도 글을 쓸 수 있는 특수한 유성펜도 있다.

비닐 봉투
비닐 봉투는 물을 담아 옮기거나 조리 기구를 더럽히지 않고 요리하기, 배설물 처리 등 다양한 용도로 쓸 수 있다. 작은 것부터 큰 쓰레기봉투까지 크기별로 있으면 좋다.

고양이와 사람이 함께 쓸 수 있는 공용 물품이 있다. 이런 물품은 재난 발생 시 가장 먼저 들고 나가는 비상용 가방에 넣어두면 좋다. 신문지는 추울 때 양말 위에 감을 수 있고, 두툼하게 감으면 골절 부위에 부목 역할도 한다. 물품 공급이 원활하지 않은 상황에서 몸을 지키는 것은 보호자의 지혜다. 식품용 랩은 화상 응급처치나 붕대 대신 쓸 수 있다.

POINT
사람과 고양이 모두에게 요긴하게 쓰이는 물품은 처음부터 가져가야 할 물품으로 꼭 구비해 놓는다.

분말 스포츠 음료

분말 스포츠 음료는 물에 섞으면 사람과 고양이 모두에게 경구 수액으로 쓸 수 있다. 무더울 때나 감기 등으로 탈수 증상을 보일 때 마신다. 고양이에게는 인간의 절반만 사용한다.

➡ {75쪽} 탈수

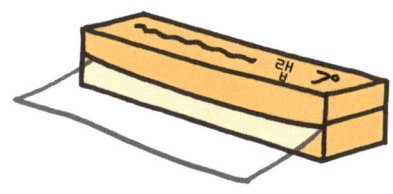

식품용 랩

그릇에 랩을 깔고 음식을 올리면 그릇이 더러워지지 않게 먹일 수 있고(랩을 고양이가 먹지 않게 주의), 화상 응급처치에 붕대 대신 쓸 수 있다.

➡ {73쪽} 화상

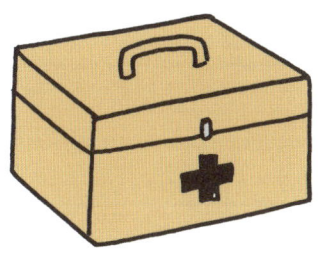

구급 용품

소독용 에탄올, 멸균수, 붕대, 거즈, 의료용 테이프, 핀셋 등은 사람과 고양이 모두에게 쓸 수 있다.

수건과 담요

수건이나 담요로 켄넬을 덮으면 시선이 차단되면서 고양이의 스트레스가 줄어든다. 추울 때 몸을 따뜻하게 할 수도 있고 지혈할 때 구급 용품으로도 쓸 수 있다.

반려동물 응급 구조 스티커

반려동물 응급 구조 스티커란 재난 시 집 안에 있는 반려동물을 구조해 달라는 메시지가 적힌 스티커다. 현관문에 붙여 두고 재난 시 보호자가 귀가하지 못할 때 선의의 제3자가 고양이를 구조해 주길 기대하는 것이다. 그러나 빈집 털이범이 집에 들어가는 빌미가 될 수도 있다.

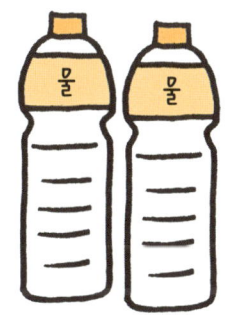

마실 물

연수라면 고양이에게도 먹일 수 있다. 우리나라에서 시판되는 생수는 연수가 대부분이다. 큰 페트병보다 500mL 페트병을 여러 개 준비하는 것이 덜 상한다.

기본적인 대비
물품의 수납 장소와 옮기는 법

《 비상용 가방의 수납 장소 》

현관

밖으로 대피할 때 꺼내기 쉬운 곳이다. 벽에 걸 수도 있다. 대피할 때를 생각해 물건을 많이 두지 않고 깔끔하게 정리한다.

수납장

평소 쓰지 않는 물건이라고 안쪽에 넣어두면 유사시에 꺼내지 못한다. 꺼내기 쉽게 앞쪽에 보관한다.

옥외 창고

집이 무너져도 꺼내기 쉬운 곳이다. 우선순위가 낮은 켄넬 등을 수납한다. 여름철에는 고온이 되므로 사료는 잘 상한다.

자동차

집이 무너져도 꺼내기 쉽고 경우에 따라 고양이와 함께 차로 대피할 수도 있다. 다만, 차키를 집에서 가지고 나오지 못할 수 있다.

재난 시 필요한 물품을 다 가져가기란 불가능하다. 옮길 수 있는 무게는 여자의 경우 10kg 이내다. 고양이를 챙겨야 하므로 가져갈 수 있는 물품이 줄어든다. 실제로 짐을 꾸려서 무게를 가늠해 본다. 정말로 필요한 물품만 1차 비상용 가방에 넣는다. 비상용 가방은 집 안 여기저기에 분산한다.

POINT
짐은 무게를 줄이고, 꺼내기 쉬운 곳에 수납하고, 여러 곳에 분산해 둔다.

고양이와 물품을 옮기는 법 생각하기

혼자서 여러 마리를 옮기지 않는 것이 안전
혼자서 여러 마리를 옮기면 무거운 데다 발밑도 불안정하다. 분담해서 고양이를 옮기는 것이 안전하다.

누가 무엇을 옮길지 정하기
가족이 모두 있을 때, 한 사람밖에 없을 때 등 상황별로 생각해 둔다. 한 사람밖에 없을 때는 고양이를 옮기는 것만으로도 벅찰 수 있다.

짐은 여자 10kg, 남자 15kg 이내로
고양이가 들어 있는 이동장을 포함한 무게다. 중량을 초과하면 안전하게 대피할 수 없다. 가져가야 할 물품을 취사 선택해 짐을 꾸린다.

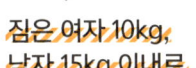

양손은 되도록 비우기
안전하게 대피하려면 양손을 비우는 것이 좋다. 켄넬 형태의 이동장은 어깨끈을 부착한다.

다묘 가정에서 고양이를 옮기는 법

여러 마리를 키우는 가정에서는 고양이를 모두 옮길 수단을 강구한다. 큰 이동장에 두 마리를 넣거나 반려동물 이동 카트에 여러 마리를 넣어 옮기면 좋다. 다만, 길이 파손되었다면 카트를 사용하지 못할 수 있고, 자동차로 대피하는 것이 불가능하다. 정체나 사고로 오히려 더 위험해질 수 있다. 도보로 대피할 수 있게 여러 루트의 대피 경로를 알아둔다.

➡ {47쪽} 재난 시 피해야 할 장소

지역의 재난 위험도 조사하기

생활안전지도 확인

우리나라는 행정안전부에서 운영하는 '생활안전지도'를 통해 침수흔적도, 홍수범람지도, 산불발생이력, 지진발생이력 등을 확인할 수 있다.

포털사이트에서 '생활안전정보' 또는 '생활안전지도'를 검색!

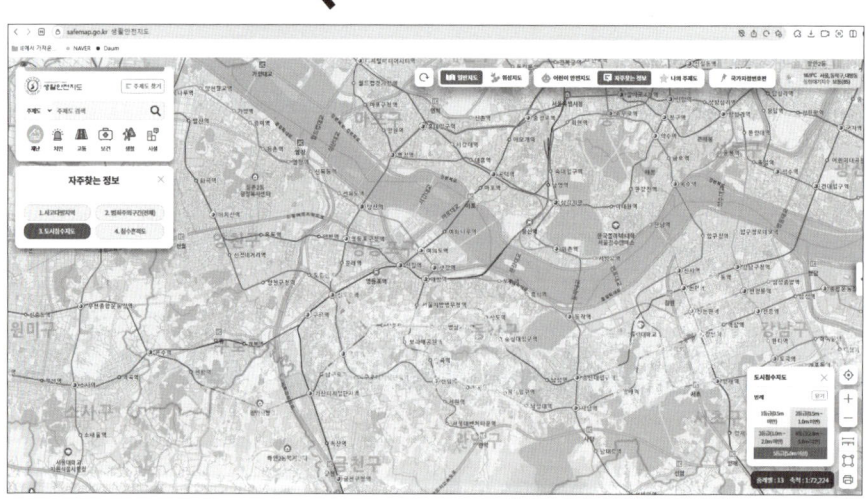

생활안전지도에서 '도시침수지도' 화면 갈무리

물리적 재난 대비의 첫걸음으로 재난 위험도를 조사한다. 자택은 물론이고 학교나 직장처럼 하루 중 많은 시간을 보내는 곳이 어떤 재난에 취약한지 알아둔다. 건물 내진성이 아무리 높아도 토지가 약하면 안전하다고 할 수 없다. 강가와 해안가는 필연적으로 수해 위험이 높고, 골짜기나 경사면에 흙을 쌓아 조성한 땅과 매립지는 지반이 약하다. 이사할 때는 이사할 곳의 재난 위험도를 사전에 알아본다.

> **POINT**
>
> 자택이나 학교, 직장 등이 어떤 재난에 취약한지 재난 위험도를 조사한다. 특히 더 취약한 재난의 종류를 알면 대비도 더 구체적으로 할 수 있다.

✅ Check!

- ☐ 홍수가 일어났을 때 예상되는 침수 깊이
  [　　　] m
- ☐ 지형에서 알 수 있는 재난 위험
- ☐ 대규모로 흙을 쌓아 조성한 땅인가?
  (붕괴나 산사태가 많다)
  YES / NO
- ☐ 토사 재해 경계 구역인가?
  YES / NO
- ☐ 지진해일 침수 예상 [　　　] m
- ☐ 건물 붕괴 위험도
- ☐ 화재 위험도
- ☐ 재난 시 활동이 어려운 정도
- ☐ 액상화 위험도

* 생활안전지도에서 조사하거나 지자체에 문의해 확인한다.

향후 예측되는 지진의 발생 확률

2010년에 일본 문부과학성은 2040년까지 일어날 것으로 예측되는 지진을 발표했다. 미야기현 앞바다 지진 진도 7.5 전후로 99%, 도카이지진 진도 8.0 전후로 87%, 도난카이지진 진도 8.1 전후로 60~70%, 난카이지진 진도 8.4 전후로 60%다.

* 이 지진은 모두 일본 태평양 연안에서 일어날 것으로 예측되는 지진이다. 일본의 지진은 우리나라(특히 남부 지방)에도 영향을 줄 수 있으므로 대비가 필요하다._옮긴이

풍수해보험

풍수해보험이란 자연재해로 입은 재산 피해를 보상하는 보험이다. 풍수해보험은 주택(단독·공동)과 온실(비닐하우스 포함), 소상공인의 상가·공장에 대해 태풍, 홍수, 호우, 강풍, 풍랑, 해일, 대설, 지진 재해를 보상한다. 행정안전부가 관장하고 민영보험사가 운영하는 정책 보험으로 정부가 보험료의 일부를 지원한다. 농업인, 축산인, 어업인은 농작물재해보험, 가축재해보험, 양식수산물재해보험에 가입하면 자연재해로 인한 농작물 등의 피해를 보상받을 수 있다.

 집의 내진성 높이기

건물 구조별 지진과 화재에 대한 강도

구조	목조	철골	철근콘크리트	철골철근콘크리트
내진성	✕	▲	○	◉
내화성	✕	✕	◉	◉

- ☐ 1988년 이전에 지어진 건물이다(우리나라는 내진설계 기준이 1988년에 처음 시작되었다).
- ☐ 증축을 2회 이상 했다. 증축 시 벽이나 기둥의 일부를 철거했다.
- ☐ 과거에 침수, 화재, 지진 같은 큰 재난을 겪었다.
- ☐ 매립지, 간척지, 저습지 등에 세워져 있다.
- ☐ 건물의 기초가 철근콘크리트 이외의 것이다.
- ☐ 벽의 한 면이 창으로 되어 있다.
- ☐ 지붕에 기와처럼 비교적 무거운 자재를 썼으며, 1층에 벽이 적다.
- ☐ 건물의 평면이 L자 형이나 T자 형으로 요철이 많은 구조다.
- ☐ 위층과 아래층이 넓게 트여 있는 복층 구조다.
- ☐ 창호가 잘 닫히지 않고 기둥이나 바닥이 기우뚱하다.
- ☐ 벽에 금이 가 있다.
- ☐ 베란다나 발코니가 파손되어 있다.

→ 체크가 많을수록 지진에 취약하다!

자택의 내진성을 조사하는 것부터 시작한다. 내진 진단이나 내진 보강 공사에 드는 비용을 지원하는 제도가 있는지 알아본다.

《 내진성과 돈 문제 Q & A 》

Q 내진 보강 공사를 하고 싶어도 예산이 없는데…

A 우리나라에서는 '민간 건축물 내진 보강 지원 사업'을 실시하고 있다. 준다중·다중 이용 건축물을 대상으로 하며, 내진 보강 공사를 할 경우 공사비용을 지원한다. 또한 '지진안전시설물 인증제'를 도입해 지원하고 있다.

Q 지진보험에 가입했다면 지진 피해를 입었을 때 보상받을 수 있을까?

A 우리나라에는 지진만 보상하는 '지진 전용 보험'이 없다. 다만 다른 보험에 특약으로 넣을 수 있고, 지자체의 지원도 있으니 찾아본다.

Q 지진으로 집이 무너지면 대출은 어떻게 될까?

A 우리나라는 지진 같은 자연재난으로 주택이 전파되면 피해 주택의 연면적에 따라 최소 지원금이 지원된다. 또한 긴급 자금 대출 등의 금융 지원을 하고 있다.

➡ 《103쪽》 다양한 지원 제도 이용하기

1995년 고베대지진 때 희생자의 80% 이상이 건물 붕괴로 인한 압사였다. 자택의 내진성이 얼마나 중요한지 알 수 있다. 32쪽 표로 내진성을 대략 파악할 수 있는데, 제대로 확인하려면 전문가에게 진단을 받아 보는 것이 좋다.

단독주택의 경우 내진 보강 공사를 검토하고, 임차한 건물이라면 내진성이 높은 건물로 이사하는 것도 대안이다. 분양 아파트의 경우에는 입주자대표회의에서 건의해 볼 수 있다.

* 우리나라는 지진으로 건축물 붕괴 시 대규모 인명 피해가 발생할 수 있는 준다중·다중 이용 건축물을 대상으로 한 지원 사업이 있을 뿐, 주택을 대상으로 한 지원 제도는 없다. 2022년 기준 공공시설물의 내진율은 75.1%인 반면, 민간 건축물의 내진율은 15.8%에 그쳤다._옮긴이

화재 위험성 낮추기

Check!

- ☐ 전기 코드가 카펫이나 가구 밑에 깔려 있다.
- ☐ 전기 코드를 구부리거나 끈으로 묶어서 사용한다.
- ☐ 전기 코드가 뜨거워져 있다.
- ☐ 플러그나 콘센트에 먼지가 쌓여 있다.
- ☐ 콘센트에 플러그를 문어발식으로 꽂아 사용한다.
- ☐ 사용하지 않는 가전제품의 플러그를 계속 꽂아두고 있다.
- ☐ 가전제품 옆에 수조나 화병이 있다.
- ☐ 차단기가 어디 있는지 모른다.
- ☐ 가열 기구 주변에 정돈되지 않은 타기 쉬운 물건이 놓여 있다.
- ☐ 가스 호스가 뜨거워져 있다.
- ☐ (프로판가스의 경우) 가스통을 체인 등으로 고정하지 않았다.
- ☐ 석유난로가 쓰러지는 것을 막는 방지책이 없다.
- ☐ 석유난로 주변에 타기 쉬운 물건이 놓여 있다.
- ☐ 복도, 계단 등 대피 경로가 되는 곳에 타기 쉬운 물건이 놓여 있다.
- ☐ 옆집과 맞닿은 곳에 금속 덧문이나 깨지지 않게 철망을 넣은 철망 유리가 없다.

→ 체크가 많을수록 화재에 취약하다!

많이 일어나는 사고가 화재다. 건물 구조별 화재 위험성의 차이는 32쪽 표와 같다. 전기 코드가 가구 밑에 깔리지 않게 하기, 사용하지 않는 가전제품의 플러그 뽑아놓기 등 바로 실천할 수 있는 대책도 많다.

당장 집 안을 둘러보자. 화재가 났을 때를 대비해 소화기와 화재경보기 등을 구비한다. 크기가 작은 소화기나 던져서 불을 끄는 투척용 소화기도 있다.

POINT

전기 코드를 끈으로 묶지 않기, 콘센트에 플러그를 문어발식으로 꽂지 않기, 가열 기구 주변 정돈하기 등으로 화재 위험을 줄인다.

화재 예방을 위해 구비해야 할 것

소화기
여자와 고령자도 쉽게 다룰 수 있는 소형 소화기나 불이 났을 때 던지기만 하면 되는 투척용 소화기도 있다. 화재가 잘 발생하는 주방에 두는 것이 좋다. 사용 연한이 있으므로 정기적으로 확인한다.

화재경보기
화재가 났을 때 연기나 열을 감지해 소리로 알려주는 장치다. 침실과 주방의 천장에 설치한다. 유사시에 작동하도록 건전지가 닳으면 바로 교체한다.

지진 감지 차단기
강한 흔들림을 감지하면 전기를 차단하는 장치다. 일본에서는 밀집 시가지에 설치하도록 권장하고 있다. 누전 차단기와 함께 설치하면 좋다.

누전 차단기
뜨거워진 전기 코드 등이 원인이 되어 누전 화재가 발생할 수 있다. 누전 차단기는 누전으로 생긴 이상 전류를 감지해 자동으로 전기를 차단한다.

고양이가 화재의 원인?

인덕션 사용이 늘면서 고양이에 의한 화재가 늘고 있다. 잠금장치 활용하기, 주방에 울타리를 설치해 반려동물이 들어가지 못하게 하기, 가스레인지를 사용한다면 외출 시에는 가스밸브 잠그기 등 대책을 마련한다. 그 외에도 가전제품이나 콘센트에 반려동물이 싼 오줌이 원인이 되어 누전 화재가 일어나기도 한다. 사용하지 않는 가전제품의 플러그는 뽑고, 콘센트에는 가리개를 씌우는 것이 효과적이다.

# 집 안 안전 대책

도망쳐 숨을 만한 안전한 공간 만들기
벽장 구석, 화장실 안 등 주변이 막혀 있어 무너질 위험이 적은 곳에 고양이가 흥분을 가라앉힐 수 있는 공간을 만들면 좋다. 켄넬 형태의 이동장을 설치할 것을 추천한다. 침대나 소파 밑에 물건을 수납하지 않고 비우는 것도 좋다.

자동 사료 급여기로 귀가하지 못할 때도 밥 챙기기
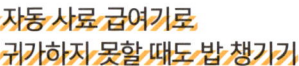
교통이 마비되어 집에 가지 못할 수도 있다. 그럴 때는 원격으로 제어할 수 있는 사료 급여기가 있으면 편리하다. 정전만 아니라면 고양이에게 밥을 줄 수 있다. 카메라가 설치된 제품도 있다.

홈카메라 설치하기
보호자가 외출 중에 재난이 발생했을 때 인터넷이 연결되어 있다면 고양이의 안부를 확인할 수 있다. 지진에 카메라가 쓰러져 무용지물이 되지 않게 잘 고정한다.

지진 부상자의 30~50%는 가구가 쓰러지거나 떨어진 물건에 다친다. 고정하지 않은 가구는 지진 시 흉기가 된다. 벽에 나사를 박는 방법 등으로 가구를 고정한다. 물건을 줄이는 것도 중요하다. 잡다한 방은 다칠 위험이 높고 치우는 데도 힘이 든다. 안 쓰는 물건을 치운다. 고양이가 무서움을 느꼈을 때 숨을 수 있는 공간을 만들면 재난 시 고양이를 찾는 수고도 덜 수 있다.

> **POINT**
> 고정하지 않은 가구는 지진이 일어났을 때 흉기가 된다. 불필요한 가구나 물건을 정리하고 버리는 습관을 들인다.
>
>

《 사람도 고양이도! 해 두면 좋은 가구 대책 》

가구 고정하기

가구가 넘어지는 것을 막는 가장 확실한 방법은 벽에 나사를 박는 것이다. 고양이 켄넬도 벽에 체인 등으로 고정한다. 캣타워는 천장에 고정하는 형태가 좋다. 정기적으로 헐거워지지 않았는지 확인한다. 바퀴 달린 가구는 잠금장치를 설치하거나 바퀴 스토퍼를 이용한다. 벽에 구멍을 뚫을 수 없다면 접착 시트, 압축봉, 가구 받침대 등을 사용해 지진 시 넘어지지 않게 한다.

찬장과 서랍이 열리지 않게 잠금장치 설치하기

식기가 떨어져 깨지면 부상의 원인이 된다. 잠금장치를 설치해 찬장과 서랍이 열리지 않게 한다. 일본에는 흔들림을 감지하면 자동으로 문이 잠기는 기구도 있다.

유리에 비산 방지 필름 붙이기

철망 유리, 강화 유리 이외의 깨지기 쉬운 유리에는 비산 방지 필름을 붙이면 좋다. 창문, 찬장 등의 유리에도 붙인다.

그렇구나!

저렴하게 설치하는 소형 방공호와 내진 테이블

일본에서는 내진 셸터shelter가 주목받고 있다. 지진 시 몸을 보호하기 위해 주택 1층의 일부를 철골이나 목재로 만든 공간이다. 내진 보강 공사보다 쉽다. 그 외에 붙박이장에 설치하는 소형 방공호, 내진 침대, 내진 테이블 등이 있다. 비교적 저렴하고 단기간에 설치할 수 있다는 장점이 있다. 벽장 등에 설치하면 고양이가 숨을 만한 공간(36쪽 참조)이 된다.

마이크로칩, 인식표가 있어야 고양이를 찾을 수 있다

2011년 동일본대지진 당시 보호소에서
보호하던 개·고양이가 보호자를 찾은 비율

	부착물	보호하던 동물 (마리)	보호자를 찾은 마리 수와 비율	
개	목줄	614	3	0.5%
	인식표	4	4	100%
	등록증·광견병 접종 완료 증표	81	81	100%
	동물등록 마이크로칩	※	※	0%
고양이	목줄	39	0	0%
	인식표	0	—	—
	동물등록 마이크로칩	0	—	—

※ 몸에 동물등록 인식칩이 있었으나 등록되어 있지 않아 보호자를 찾지 못했다.
* 일본 환경성, 《동일본대지진에서의 피해 동물 대응 기록집》 중에서

동일본대지진 당시 보호소에서 보호하던 개는 100% 보호자를 찾은 반면 고양이는 단 한 마리도 보호자를 찾지 못했다. 인식표나 동물등록 인식칩을 내장한 고양이가 없었기 때문이다. 재난 시에는 무너진 집에서 고양이가 도망치는 일이 적지 않다. 헤어지지 않으려면 인식표나 동물등록 마이크로칩 등을 한다.

POINT

재난 시 고양이와 헤어지지 않으려면 인식표, 마이크로칩이 필수다. 이는 평상시 실종 대책으로도 필요하다.

보호자 정보를 알 수 있는 것들

인식표

잃어버렸을 때 생명줄이 된다. 고양이 이름과 보호자 연락처를 써넣는다. 금속에 글자를 새기는 타입, 캡슐에 종이를 넣는 타입 등 여러 가지가 있다. 거치적거리지 않게 작은 것이 좋다.

목줄

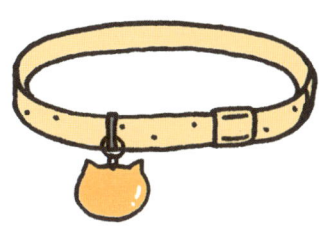

인식표를 달려면 목줄이 필요하다. 목줄은 집에서 키우는 고양이임을 한눈에 알 수 있다. 마이크로칩을 삽입했더라도 목줄과 인식표도 하는 게 좋다.

목줄을 싫어하는 고양이를 적응시키는 법

"우리 고양이는 목줄을 싫어해서 맬 수가 없어요"라는 사람은 방법을 궁리해야 한다. 목줄을 느슨하게 매면 앞발로 잡아 빼려다 아래턱에 걸릴 수 있으므로 사람 손가락 한두 개가 들어갈 정도가 좋다. 안전 버클이 있는 목줄(힘이 가해지면 저절로 풀리는 목줄)은 익숙해질 때까지 양쪽 버클을 끈으로 연결해 빠지지 않게 한다. 처음에는 편한 것을 목에 감아 적응시키는 방법도 있다. 시간이 지나면 차츰 익숙해진다.

동물등록 마이크로칩

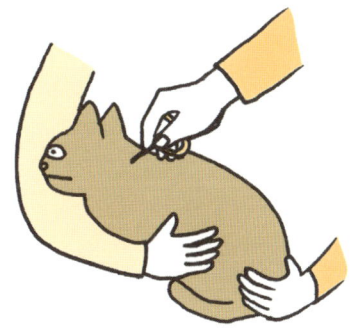

동물병원에서 목 뒤에 삽입한다. 리더기를 대면 숫자를 읽어 사전에 등록한 데이터와 대조하는 방식으로 보호자 연락처를 알 수 있다. 사전 등록과 데이터 갱신은 필수다.

* 우리나라는 개에게만 동물등록제를 시행하고 있지만, 2022년부터 고양이 동물등록 시범 사업이 전국으로 확대되었다._옮긴이

유사시를 대비한 고양이 교육

《 이동장에 적응시키는 방법 》

고양이가 자주 있는 곳에 이동장 두기

고양이가 자주 있는 곳에 이동장을 둔다. 고양이는 좁고 어스름한 곳을 좋아하므로 대부분 자연스레 이동장 안으로 들어간다. 높은 옷장 위를 좋아한다면 그곳에 둔다. 고양이의 체취가 밴 담요 등을 안에 넣어 준다.

캣닢이나 낚싯대 장난감으로 유도하기

캣닢을 좋아하는 고양이에게는 캣닢 가루를 묻힌 담요를 안에 넣어 이동장에 대한 좋은 기억을 심어 준다. 장난감으로 유도하거나, 이동장 틈새로 낚싯대 장난감을 넣어 놀아줄 수도 있다.

간식이나 사료로 유도하기

좋아하는 간식이나 사료를 이동장에 넣고 안에서 먹게 하면 이동장에 대한 좋은 인상을 심어 줄 수 있다. 이동장에 들어가면 문을 닫고 철망 사이로 간식을 주어 문이 닫힌 상태에 적응시킨다.

POINT 🐾

동반 대피와 대피소 생활을 생각해 이동장과 켄넬, 가슴 줄, 사람에 적응시킨다.

켄넬에 적응시키기

대피소에서는 고양이를 켄넬에 넣어 돌봐야 한다. 평상시 하루에 몇 시간 동안 켄넬에서 지내게 하거나 밤에 켄넬에서 자게 하는 방법으로 익숙해지게 한다. 안에서 간식이나 사료를 먹이면 효과적이다.

가슴줄에 적응시키기

탈출 방지책으로 가슴줄에 익숙해지게 하면 좋다. 가슴줄을 착용하고 집 안을 산책하는 방법으로 적응시킨다. 다만 고양이는 몸이 유연하여 완벽한 탈출 방지책이라고는 할 수 없다.

사람에 적응시키기

대피소에서는 불특정 다수가 켄넬 옆을 오가고, 임시 보호소 등에 맡길 때는 직원에게 고양이를 부탁해야 한다. 따라서 다른 사람을 경계하지 않는 것이 좋다. 친구를 집에 초대해 어느 정도 적응하면 친구가 손으로 간식을 주거나 쓰다듬어 익숙해지도록 한다.

고양이를 데리고 대피할 때 이동장에 넣어야 하는데, 이동장이 익숙하지 않으면 고양이가 들어가지 않으려고 발버둥 치거나 낯선 이동장에 있는 것만으로도 스트레스를 받는다. 따라서 평소에 이동장에 적응시키는 교육을 해야 한다. 통원 치료 때문에 이동장을 싫어하는 고양이에게는 다른 형태나 소재의 이동장을 집에 두고 적응시키는 것도 방법이다.

대피 생활을 하려면 이동장과 켄넬, 가슴줄, 보호자 이외의 사람에게 익숙해지는 것이 좋다. 이름을 부르면 울음으로 대답하기, 보호자 곁에 오기 등의 교육도 시키면 좋다. 어떤 교육이든 고양이가 스트레스를 받지 않는 범위 내에서 한다.

유사시를 대비한 고양이 건강관리

백신 접종

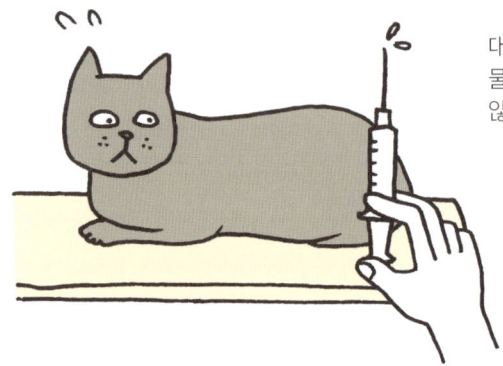

대피소나 임시 보호소에서는 많은 반려동물과 한 공간에서 지낸다. 감염병에 걸리지 않으려면 정기적인 백신접종이 필수다.

미접종이면 고양이를 맡기지 못할 수도

백신을 접종하지 않은 고양이는 감염병에 걸리기 쉽기 때문에 동물병원이나 펫호텔에 맡기지 못할 수 있다. 유사시에는 백신 접종 완료가 고양이를 살리는 생명줄 중 하나다.

예방접종증명서 받아두기

고양이를 맡길 때 언제 어떤 백신을 접종했는지 증명하는 데 도움이 된다. 고양이 건강수첩(23쪽 참조)과 함께 보관한다. 휴대폰으로 사진을 찍어 두는 방법도 있다.

대피 생활 중에 동물병원이나 펫호텔에 고양이를 맡길 때 백신을 접종하지 않았거나 기생충 예방이 되어 있지 않으면 거부당할 수 있다. 중성화수술을 하지 않으면 발정기에 큰 소리로 울어 대피소에서도 민폐이고, 최악의 경우에는 도망쳐 번식하는 경우도 있다. 기본적인 건강관리는 평상시에도 중요하지만 재난 시를 대비해서라도 철저히 해 두어야 한다. 예방접종증명서 기록도 남겨둔다.

건강관리를 제대로 하지 않으면 재난 시 동물병원, 펫호텔에서 거부당할 수 있다.

기생충 예방

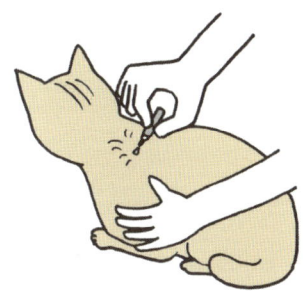

기생충이 있는 고양이는 다른 반려동물이나 사람에게 옮기는 감염원이 되므로 동물병원이나 펫호텔에서 거부당할 수 있다. 특히 길고양이 출신이거나 밖에 내놓고 키우는 고양이는 기생충이 있는 경우가 많으므로 정기적으로 구충한다.

중성화수술

중성화수술을 하지 않으면 발정기에 큰 소리로 울거나 여기저기에 마킹을 하기 때문에 대피소 등에서 거부당하기 쉽다. 도망친 고양이가 번식할 수 있고, 교미 과정에서 감염병이 옮을 우려도 있다. 생식기 관련 질병을 예방하기 위해서라도 수술을 한다.

각종 검사

전염성이 있는 병에 걸린 고양이는 대피소 등에서도 격리해야 하며, 감염되지 않은 고양이보다 건강관리를 더 철저히 해야 한다. 특히 길고양이라면 감염 여부를 확인하는 것이 좋다. 혈액검사 같은 기본적인 검사를 받아 결과표를 고양이 건강수첩(23쪽 참조)과 함께 보관하거나 휴대폰에 사진을 찍어 저장한다.

실내에서 키우지 않는다면 건강관리와 동반 대피가 불가능

밖에 내놓고 키우는 고양이는 기생충이나 감염병에 걸리기 쉽고, 재난이 발생했을 때 집에 없으면 대피소에 데려가기도 힘들다. 재난을 기점으로 떠돌이 고양이가 되는 사례도 있다. 실내에서 키우길 추천한다.

가까운 대피 장소 알아두기

대피소 종류

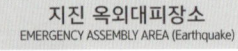

- **민방위 대피소** : 민방위 사태가 발생했을 때 대피하는 지하 대피소로, 지하철 역사, 빌딩, 아파트 주차장, 터널 등이 있다.
- **지진 옥외대피장소** : 지진인 경우 실내보다는 구조물 붕괴나 낙하물의 위험이 적은 옥외(학교 운동장, 공원, 공터 등)로 대피한다.
- **지진 겸용 임시주거시설** : 내진 성능이 확보된 시설로, 지진과 풍수해 등으로 주거시설을 잃은 이재민과 일시 대피자가 임시 거주하는 곳.
- **이재민 임시주거시설** : 각종 재난으로 주거시설을 잃은 이재민과 일시 대피자가 임시 거주하는 곳.
- **지진해일 긴급대피장소** : 지진해일이 발생했을 때 긴급 대피를 목적으로 지정된 곳.
- **화학사고 대피장소** : 화학물질 유·누출 사고가 발생했을 때 대피하는 곳.
- **원전 구호소** : 원전에서 방사선 누출 등 사고가 발생했을 때 대피하는 곳.

일본의 방재공원

일본은 일부 도시공원을 방재공원으로 지정해 재난 발생 시 방재 거점 장소로 활용하고 있다. 이곳은 전기와 수도가 끊긴 상황에서도 쓸 수 있는 비상 맨홀 화장실을 비롯해 헬리콥터 전용 비행장, 급수 거점, 재난 시 화로로 쓸 수 있는 벤치 등을 갖추고 있어 유사시에 큰 도움이 된다.

> **POINT**
>
> 유사시에 대비하여 집 주변은 물론이고 학교, 직장 주변의 대피소를 미리 알아두는 것이 좋다. 어디로 대피할지 가족과 미리 상의한다.

주변 대피소 찾기

행정안전부에서 운영하는 '국민재난안전포털'과
정부 대표 재난안전정보 포털 앱 '안전디딤돌'에서 대피소를 찾을 수 있다.

《 안전디딤돌 앱에서 찾기 》

① 휴대폰에 '안전디딤돌' 앱을 설치한다.
② 첫 화면에서 '대피소 조회'를 클릭한다.

《 국민재난안전포털 홈페이지에서 찾기 》

① '국민재난안전포털'을 검색한다.
② 화면 하단의 '안전시설정보'를 클릭한다.

지진, 호우 같은 자연재해뿐 아니라 각종 화학 사고와 원전 사고, 공습 등이 발생했을 때도 대피소로 신속히 이동한다. 재난 시 대피소를 찾으려고 하면 인터넷 서버가 마비될 수 있으므로 미리 알아두는 것이 좋다. 집 주변은 물론이고 학교나 직장처럼 하루 중 많은 시간을 보내는 곳 주변의 대피소도 알아둔다. 재난의 종류에 따라 피신처도 달라진다. 민방위 사태가 발생하면 지하로 대피하지만 지진이 발생했을 때는 학교 운동장이나 공원, 공터처럼 구조물 붕괴나 낙하물의 위험이 없는 옥외로 대피한다.

가족이 모일 장소와 시간 정하기

가족이 각자 다른 곳에서 재난을 당할 수 있으므로 모이는 대피 장소를 사전에 정한다. 대피 장소가 사람들로 혼잡할 것을 고려해 '○○공원의 공중전화 옆'처럼 구체적으로 정한다. 재난 시에는 전화 연결이 잘 되지 않는 경우가 많으므로 약속이 필요하다. 만나지 못한 채 그곳에서 마냥 기다릴 수 없으므로 '오전 10시와 오후 4시에 찾아오기'처럼 시간도 정하면 좋다.

고양이와 대피 훈련해 보기

대피 훈련으로 알 수 있는 것

고양이를 이동장에 넣기 힘들다!

집안에 이동장을 두고 적응시킨다
이동장에 넣을 때 애를 먹지 않게 미리 이동장에 적응시키고 순조롭게 넣는 방법을 익힌다.
➡ {40쪽} 이동장에 적응시키는 방법
➡ {56쪽} 고양이를 이동장에 넣는 방법

고양이가 겁을 먹어서 가만히 있지 않는다!

수건 등으로 덮어 주변이 보이지 않게 한다
고양이를 수건으로 감싸 이동장에 넣거나 미리 이동장의 망사 부분에 천을 붙여 밖이 보이지 않게 하면 고양이가 차분해진다.

계단으로 내려가기 힘들다!

아파트의 공동 창고에 비축품을 두자고 건의한다
가져갈 물품을 가급적 줄인다. 지상에서 접근하기 쉬운 곳에 비상용품을 두자고 입주자대표회의에 건의한다. 반려인 모임을 만들어 반려동물용 비축품도 두자고 건의한다.
➡ {85쪽} 아파트 주민은 대피소에 들어갈 수 없다?

고양이와 함께 대피하는 체험을 하면 새롭게 알게 되는 것이 많아서 대비 물품, 선택지 등이 바뀔 수 있다. 마을이나 아파트 단지에서 대피 훈련을 하지 않으면 가족끼리라도 해 본다. 아파트 고층에서 엘리베이터를 타지 않고 내려오는 일이 얼마나 힘든지 실감하게 될 것이다. 평소 고양이와 산책하면서 대피소를 비롯해서 방재 거점을 눈여겨보는 것도 중요하다.

POINT

고양이를 데리고 대피 훈련을 해 보면 많은 것을 알게 된다. 대피 장소까지 안전하게 가는 길도 알아둔다.

재난 시 피해야 할 장소

⚠ 고압전선 옆
끊어진 전선에 닿으면 생명이 위험할 수 있다. 태풍이나 지진으로 철탑이 쓰러지기도 한다.

⚠ 비탈길, 움푹 파인 곳
큰비가 내릴 때는 미끄러질 수 있고, 비탈길 아래 움푹 파인 곳은 침수 위험이 있다.

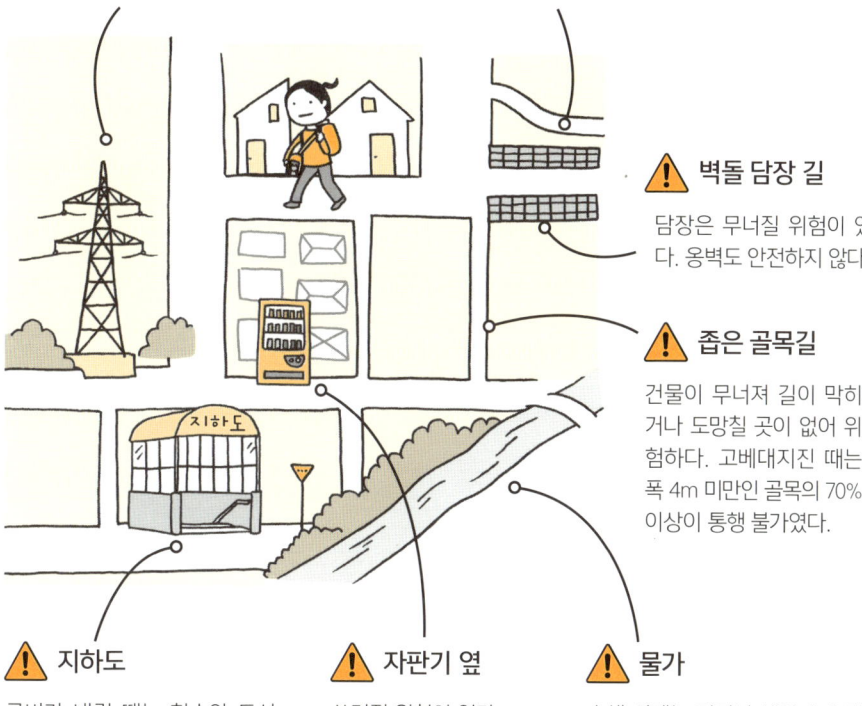

⚠ 벽돌 담장 길
담장은 무너질 위험이 있다. 옹벽도 안전하지 않다.

⚠ 좁은 골목길
건물이 무너져 길이 막히거나 도망칠 곳이 없어 위험하다. 고베대지진 때는 폭 4m 미만인 골목의 70% 이상이 통행 불가였다.

⚠ 지하도
큰비가 내릴 때는 침수와 토사 재해, 붕괴의 위험이 있다. 수해가 일어난 곳을 통과하는 지하철도 위험하다.

⚠ 자판기 옆
쓰러질 위험이 있다.

⚠ 물가
수해 시에는 강가나 해안가에 절대 가까이 가지 않는다.

도로가 침수되었을 때는 우산 등으로 발밑을 확인하며 걷는다

침수되기 전에 대피하는 것이 가장 좋지만 이미 물이 차기 시작했을 때는 우산 등으로 발밑을 확인하며 걷는다. 뚜껑이 열린 맨홀이나 도랑에 발을 내딛었다가는 생명이 위험할 수 있다. 신발은 장화보다 운동화가 좋다. 대피 장소까지 가는 길이 위험할 때는 높은 건물로 대피하는 것도 방법이다.

➡ {66쪽} 수해(호우, 홍수, 장마, 토사 재해 등) 발생

고양이를 지키려면 보호자부터 살아야 한다

식료품 비축 아이디어

맛있는 음식 구비하기

현명하게 모아둔다면(21쪽 참조) 꼭 유통기한이 긴 비상식량이 아니어도 괜찮다. 일반 즉석식품 카레도 유통기한은 1~2년이다. 그러므로 평소 식사로 먹어 보고 보호자와 가족이 좋아하는 음식으로 구비한다. 재난 상황일수록 더 맛있는 음식을 먹고 힘을 내야 한다.

채소가 든 식료품이 대활약

구호물자에 들어 있는 식료품은 주식(탄수화물)이 많고 채소 종류는 거의 없기 때문에 변비가 생기거나 몸이 피곤하고 아플 수 있다. 채소 주스와 채소 반찬(통조림, 병조림, 즉석식품 등)을 준비한다. 채소 주스를 냉동해 모아두거나 채소가 든 인스턴트 국도 도움이 된다.

단것은 스트레스 해소에 도움

단것은 에너지를 효율적으로 보급하고 잠깐의 여유를 느끼거나 스트레스를 해소하는 데 도움이 된다. 유통기한이 긴 양갱이나 캔에 든 푸딩 등 좋아하는 것을 비축한다. 바로 먹을 수 있는 사탕이나 초콜릿, 쿠키 등도 좋다. 과일 통조림은 비타민과 미네랄, 식이섬유, 수분도 섭취할 수 있다.

가족 연락처를 적은 메모 준비하기

엄마 010-0000-0000
아빠 010-0000-0000
00학교 00-000-0000

전화번호는 휴대폰에 저장하는 사람이 많을 것이다. 휴대폰의 배터리를 아끼기 위해, 또 배터리가 다 되었을 때를 생각해 연락처를 적은 종이 메모를 지닌다. 공중전화로 전화 걸 때를 대비해 동전이나 공중전화 카드도 가지고 있으면 좋다.

가방에 휴대폰 충전기

외출 중에 재난을 당하면 휴대폰이 정보원의 생명줄이다. 배터리가 다 되어 낭패를 보지 않게 충전기를 가방에 넣고 다닌다. 재난 시에는 건전지를 꽂아 쓰는 충전기가 도움이 된다. 수동 충전기는 체력 소모와 소음 문제가 있어 추천하지 않는다.

목욕하고 남은 물 버리지 않기

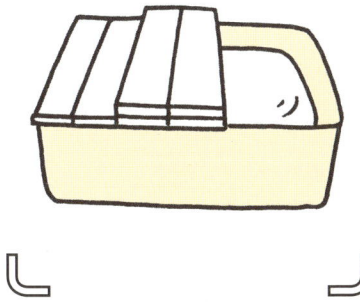

수도는 보통 전기보다 복구가 늦다. 귀중한 물을 확보하기 위해 목욕하고 남은 물은 버리지 않는다. 화장실의 물을 내릴 때나 빨래할 때 쓸 수 있다. 재난 직후에는 단수가 되어도 수도관에 물이 남아 있으므로 재난 발생 후 바로 욕조에 물을 받아놓는다.

머리맡에 손전등, 휴대폰, 슬리퍼

취침 중에 재난이 발생했을 때를 대비해 머리맡에 손전등, 휴대폰, 발 부상을 예방할 수 있는 슬리퍼나 운동화 등을 놓아둔다. 튼튼한 방재 슬리퍼도 있다. 시력이 나쁜 사람은 안경도 필수다. 일본에는 지진의 흔들림을 감지하면 자동으로 켜지는 전등도 있다.

평소 이웃과의 왕래가 재난 시 빛을 발한다

일본은 재난 대응 이념으로 '자조自助·공조共助·공조公助'를 강조한다. 스스로 대비하고, 가까운 사람들끼리 서로 돕고, 국가가 지원한다는 의미다. 재난 발생 후 국가가 지원하기까지는 시간이 걸리므로 스스로 철저히 대비하고, 가까운 사람들끼리 서로 돕자는 것이다. 한 조사에 따르면 고베대지진 때 건물 등에 깔리거나 갇힌 사람 중 자력 또는 가족의 도움으로 구조된 사람이 약 70%, 친구나 이웃의 도움으로 구조된 사람이 약 30%였다. 이는 구조대의 도움으로 구조된 1.7%를 훨씬 웃도는 수치로, 친구나 이웃 등의 가까운 사람들의 힘이 얼마나 큰지를 보여 준다. 평소 이웃과 원만히 지내는 사람은 재난 시에도 든든하다. 도시에서는 이웃과의 왕래가 줄어들고 있는데, 인사를 건네고 주민 행사에도 참여하는 등 마음을 쓴다.

평소에 펫티켓을 잘 지켜 이웃에 나쁜 이미지를 주지 않고, 유사시에 의지할 수 있는 반려인 친구를 만들면 좋다. 산책을 나가는 개와 달리 고양이는 반려인 친구를 만들기 쉽지 않지만, 반려동물을 사랑하는 동지이니 개를 키우는 반려인과도 친구가 될 수 있다. 아파트에 반려인 모임을 만들어 가입하는 것도 좋은 방법이다.

Point

- 평소에 서로 돕기
- 펫티켓을 철저히 지켜 반려동물과 보호자의 이미지 높이기
- 반려인 친구 만들기

2장 재난 발생 시 행동 요령

재난 발생 순간 어떻게 해야 할까
사람이 우선 살아야 한다

사람이 우선 살아야 한다
유사시 고양이보다 사람이 더 위험하다. 고양이는 사람보다 민첩하고 생존 공간도 크지 않기 때문이다. 자기의 몸(특히 머리)을 먼저 보호한다.

고양이는 진정된 후에 찾는다
지진 발생 순간에는 고양이도 놀라 흥분하기 때문에 잡기가 쉽지 않다. 흔들림이 멎은 뒤에 찾는다. 고양이가 좋아하는 은신처가 있으면 찾기 쉽다.

➡ {36쪽} 고양이가 도망쳐 숨을 만한 안전한 공간 만들기

⚠ **지진이 나면 가스를 끈다**
일본의 가스레인지는 대부분 진도 5 이상의 지진일 때 안전장치가 작동해 가스 공급이 자동으로 끊긴다. 이때 중요한 것은 가스 불을 끄려고 주방으로 달려가는 것보다는 몸을 보호하는 것이다.
* 우리나라는 지진이 발생하면 가스레인지의 불을 끄도록 하고 있다. 불을 끌 수 있는 기회는 세 번이다. ❶ 작은 흔들림을 느낀 순간, ❷ 큰 흔들림이 멈췄을 때, ❸ 발화된 직후 1~2분 이내. 그러려면 근처에 소화기를 항상 비치해야 한다._옮긴이

POINT 🐾
재난이 발생하면 보호자의 몸을 보호하는 것이 우선이다. 고양이는 사람보다 민첩하고 생존 공간도 작게 차지하기 때문에 살 확률이 높다.

지진 시의 행동요령은 '먼저 자신과 가족을 보호하는 것'이다. '인명이 최우선'(12쪽 참조)임을 명심한다. 재난 발생 순간에 고양이에게 해 줄 수 있는 것이 없기 때문이다. 사전에 가구를 고정하고, 고양이가 숨을 공간을 만들고, 이동장에 적응시키는 등의 사전 대비가 중요하다.

《 지진 발생! 집 안 장소별 대처법 》

욕실

갇히지 않게 문을 열고 세숫대야 등으로 머리를 보호한다. 발이 다치지 않게 슬리퍼를 신는다.

화장실

문을 열어 대피 경로를 확보한다. 내진 설계가 된 건물이라면 화장실은 비교적 안전한 공간이다. 흔들림이 멎을 때까지 화장실에 있는다.

2층 이상

오래된 건물의 1층은 무너질 위험이 높으므로 2층 이상이 안전하다. 움직일 수 있다면 밖으로 쉽게 대피할 수 있게 복도로 나간다.

베란다

오래된 건물은 베란다가 통째로 떨어지거나 위층 베란다가 떨어질 수 있다. 실내로 이동한다.

지진 경보가 울리면

일본은 2007년부터 지진조기경보 시스템을 운영하고 있다. TV, 라디오, 인터넷, 휴대폰에 지진 예상 속보가 뜨면 하던 일을 멈추고 안전한 장소로 이동한다. 바로 진동이 오지 않으면 문을 열어 대피 경로를 확보한다.
* 우리나라도 지진조기경보 서비스가 있다. 지진조기경보는 규모 5.0 이상, 지진속보는 규모 3.5~5.0일 때 발표한다._옮긴이

재난 발생 직후 해야 할 일
대피 경로를 확보한다

화재가 발생하면
소화기나 물 양동이로 진화한다. 불길이 세져 신변의 위험을 느끼면 바로 대피한다. 주위에 불이 났다고 알리고 대피한 후에 119에 신고한다.

START

자신의 상태 확인
자신의 안전부터 살핀다. 다치지 않았는지, 구조 요청이 필요한지 확인한다.

발을 보호하고 대피 경로 확보
실내라도 슬리퍼나 신발을 신어 발을 보호하고, 문을 열어 옥외 대피 경로를 확보한다. 건물이 기울어져 문을 열 수 없기 전에 움직인다.

구조 요청이 필요할 때
다쳤거나 몸이 끼어 움직일 수 없다면 딱딱한 물건을 두들겨 소리를 내 생존을 알린다. 큰 소리를 계속 내면 체력이 소모되어 위험하다.

지진해일·산사태의 위험이 있을 때
지진해일 경보나 산사태 경보가 발령되면 신속히 대피한다.

POINT

지진의 흔들림이 멎으면 자신의 상태 확인, 대피 경로 확보, 가족과 고양이의 안부 확인 순으로 행동한다.

지진의 흔들림이 멎으면 대피 경로를 확보한다. 건물이 기울어져 문이 열리지 않을 수 있다.
가족과 고양이가 무사한지 확인한다. 고양이가 겁을 먹고 숨거나 불안해하다가 보호자를 위협할 수도 있다. 흥분한 고양이를 이동장에 넣기란 쉽지 않다. 억지로 넣으려고 하면 보호자가 다칠 수 있으므로 고양이가 어느 정도 진정한 후에 넣는다.

고양이가 보이지 않을 때
고양이가 숨어서 나오지 않거나 집 안이 엉망이라 어디 있는지 알 수 없을 때도 있다. 대피 명령이 내려지는 등 급박한 상황에서는 사람만이라도 먼저 대피한다.
➡ {60쪽} 고양이를 두고 대피하기

가족과 고양이의 안부 확인
집에 있는 가족과 고양이의 부상 여부 등을 확인한다. 가능하면 고양이를 이동장에 넣는다.
➡ {56쪽} 고양이를 이동장에 넣는 방법

정보를 모아 대피 여부를 판단
대피 정보가 뜨지 않는지, 화재나 집이 녹아내릴 위험이 있는지 등 정보를 모은다. 정전일 때는 건전지 라디오가 유용하다. 피해 상황을 확인해 대피 여부를 판단한다.
➡ {58쪽} 동반 대피가 원칙이다

고양이가 다쳤을 때
가구가 쓰러지면서 고양이가 다칠 수 있다. 신속히 대피해야 하면 먼저 대피를 한 후에 고양이 응급처치를 한다.
➡ {68쪽} 고양이의 응급처치

TV, 라디오, 인터넷 등으로 대피 정보를 모은다. 대피 권고 또는 대피 명령이 내려지거나 기상청에서 경보가 발령되면 신속히 대피한다.

대피 정보

위험		
큼	대피 명령 (긴급)	재난 발생으로 상황이 더 악화되어 인적 피해의 위험성이 상당히 높다. 아직 대피하지 않은 사람은 서둘러 대피한다.*
	대피 권고	재난으로 인한 피해가 예상되며 인적 피해가 발생할 가능성이 높다. 신속히 대피한다.*
작음	대피 준비, 고령자 등 대피 시작	대피 권고나 대피 명령(긴급)이 내려질 것으로 예상된다. 언제라도 대피할 수 있게 준비한다. 고령자 등 대피에 시간이 필요한 사람은 대피를 시작한다.

* 밖으로 나가는 것이 오히려 더 위험한 상황일 때는 근처 안전한 장소로 대피하거나 집 안에서도 덜 위험한 장소로 대피한다.

2장 재난 발생 시 행동 요령

고양를 데리고 갈 준비하기
고양이를 이동장에 넣는 방법

《 큰 천으로 감싸 이동장에 넣기 》

① 등부터 씌우기

목욕수건이나 담요를 고양이의 등에 씌운다. 얼굴까지 덮으면 시야가 가려져 순간 동작을 멈춘다. 고양이의 잠자리 수건 등은 자신의 체취가 묻어 있어 고양이가 안심할 수 있다.

 두꺼운 장갑으로 손 보호하기
고양이에게 물려도 구멍이 뚫리지 않는 두꺼운 장갑을 낀다.

③ 그대로 이동장에 넣기

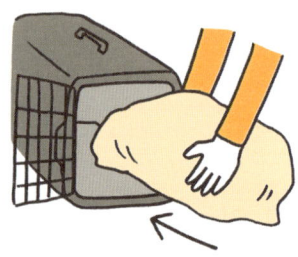

감싼 채 고양이를 이동장에 넣는다. 옆쪽에 문이 있는 이동장은 고양이의 머리부터, 위쪽에 문이 있는 이동장은 엉덩이부터 넣으면 수월하다. 몸이 다 들어가면 문을 닫는다. 둘이 있다면 고양이를 넣는 사람과 문을 닫는 사람으로 역할을 분담한다.

② 온몸 감싸기

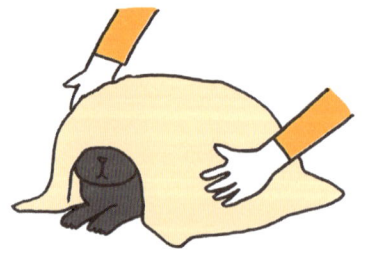

고양이의 온몸을 감싸 고양이가 움직이지 못하게 붙든다. 어깨뼈 주변을 누르면 날뛰지 못한다. 물지 않도록 얼굴과 입을 천으로 가린다.

POINT

재난 발생 후에는 언제든지 대피할 수 있도록 고양이를 이동장에 넣는다. 큰 천으로 고양이를 감싸는 방법을 추천한다.

세탁망에 넣어 탈출 방지
56쪽 방법으로 고양이를 수건 등으로 감싼 후 세탁망에 넣은 뒤 이동장에 넣으면 탈출을 방지할 수 있다. 이동장이 없다면 고양이를 세탁망에 넣은 다음 천 가방 등에 넣어 대피한다.

이동장에 배변 패드를 깔아 두면 소변도 안심
이동 중에 소변을 누거나 장시간 이동장에 있어야 할 수 있다. 이동장에 배변 패드를 깔아 준다. 테이프로 패드를 바닥에 붙이면 좋다.

박스 테이프로 이동장을 보강
이동장의 잠금장치가 낡아 문이 열리거나, 바닥에 떨어지면 이동장이 분해될 수 있다. 박스 테이프로 두르거나 보자기로 이동장을 싸면 좋다. 지퍼가 달린 이동장은 지퍼 손잡이 부분을 테이프로 고정한다.

재난 발생 후 고양이가 어느 정도 진정되었다면 이동장에 넣는다. 실제로 대피할 필요가 없더라도 여진 등으로 상황이 나빠질 수 있으므로 동반 대피할 수 있게 준비한다. 이때 고양이에게 물리거나 긁히지 않도록 큰 천이나 수건으로 고양이를 감싼 후 이동장에 넣는다. 온순한 고양이라도 재난 시에는 공황 상태가 되어 날뛸 수 있는 데다 보호자가 다치면 기동력이 떨어진다. 가능하면 고양이를 천으로 감싸 이동장에 넣는 연습을 해 둔다.
실제로 대피할 때는 박스 테이프로 이동장을 감아 보강하고 탈출을 방지한다.

집에 있을 때 재난 발생
동반 대피가 원칙이다

《 집을 나서기 전에 할 일 》

전기 차단기 내리기

스위치가 올라간 상태에서 가전제품이 쓰러져 망가지면 전기가 다시 공급되었을 때 합선이 일어나 화재가 발생할 수 있다.

가스밸브 잠그기

가스관이나 제품이 망가지면 복구되었을 때 가스가 새어 폭발할 위험이 있다.

문단속하기

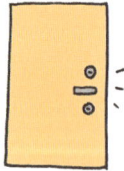

벽 등이 부서지지 않았다면 문과 창문을 잠근다. 빈집털이범이 있을 수 있다.

메모 남기기

현관 안쪽에 가족들이 볼 메모를 남긴다. 무사하다는 확인이 된다.
*일본에는 재난 시 통신량이 증가해서 연결이 되지 않을 때 제공하는 재난 음성 사서함 서비스가 있다._옮긴이

대피 명령이 내려지거나 화재 등의 위험이 닥쳤을 때 고양이와 동반 대피한다. 고양이를 두고 갔다가 그 지역이 제한 구역이 되면 들어가지 못할 수 있다.
반려동물과 동반 대피를 권장하는 이유는 돌봄을 받지 못한 동물들이 고통받다가 죽는 것을 방지하기 위함이다. 또한 떠돌이 동물이 늘면 사람에게 위협을 가할 수도 있기 때문이다.

POINT
대피할 때는 동반 대피가 원칙이다. 자칫 보호자가 집에 돌아오지 못할 수도 있기 때문이다.

대피 시 장비

마스크
불티나 분진을 마시지 않기 위한 대책이다. 없으면 천 등으로 입을 막는다. 고글도 있으면 좋다.

헬멧이나 방재모자
가장 보호해야 할 신체 부위는 머리다. 헬멧이나 방재모자(방석이나 등받이로 사용하다가 지진이 발생했을 때 머리에 쓸 수 있게 만든 제품)가 없다면 담요나 방석 등 완충 작용을 할 수 있는 물건을 머리에 쓴다.

장갑이나 목장갑
발을 내딛기가 힘들어 무언가를 잡고 걸어야 할 때 장갑이 손 부상을 예방할 수 있다. 가죽장갑이 좋지만 없으면 목장갑이라도 낀다.

긴소매, 긴바지
긴소매, 긴바지를 착용한다. 화재 시에는 불에 잘 타지 않는 천연 소재 중에서 울이나 면이 좋다. 합성섬유는 불에 잘 탄다.

야간에는 손전등이라도
야간에는 발밑을 비추며 걸어야 덜 위험하다. 손전등보다 머리에 쓰는 헤드램프가 좋다.

걷기 쉬운 신발
익숙한 운동화가 좋다. 못이나 유리를 밟아도 발이 찔리지 않는 '찔림 방지 깔창'도 있다.

Q 도보 대피가 원칙이다

대피는 도보가 원칙이다. 대규모 재난에는 도로에 균열이 생기거나 움푹 파인 곳도 있어 위험하다. 극심한 정체도 예상된다. 운전 중이어도 차에서 내려 도보로 대피한다. 지진해일의 위험이 있을 때는 되도록 높은 곳으로 이동해야 하니 자동차로 대피하는 것도 인정된다.

고양이를 두고 대피하기
사료·물·안전 공간 확보하기

《 집에 남은 고양이를 위해 해야 할 일 》

사료를 되도록 많이 놓아두기

집에 남은 고양이를 위해 사료를 넉넉히 놓아둔다. 오래가는 건사료가 좋다. 사료 봉투를 찢어두기만 해도 된다. 고양이가 어느 방에 있는지 모를 때는 모든 방의 문을 연 후 닫히지 않게 물건을 받쳐 방 안에 갇히지 않도록 한다.

물을 되도록 많이 놓아두기

물도 필요하다. 싱크대의 설거지통이나 세숫대야 등 커다란 용기에 물을 가득 채운다. 정수기 물보다 석회를 제거하지 않은 수돗물이 덜 상한다. 욕실 욕조에 고양이가 빠지지 않을 정도로 물을 받아둔다.

고양이가 실내 어디에 있는지 모르거나 흥분해 이동장에 들어가지 않으려고 하는 등 함께 대피할 수 없을 때 위험이 닥쳐온다면 일단 사람만이라도 대피한다. 집에 남은 고양이를 위해 사료를 챙긴다.

사는 곳이 제한 구역으로 지정되면 집에 고양이를 두고 온 사실을 지자체의 동물 담당 부서에 전한다. 멋대로 집에 갔다가는 위험할 수 있다.

POINT

함께 대피할 수 없어 부득이하게 고양이를 집에 두고 갈 때도 사료와 물을 챙기는 등 할 수 있는 일이 있다.

고양이가 도망쳐 숨을 수 있는 공간 확보하기

고양이가 도망쳐 숨을 만한 공간을 미리 만들어 놓았어도 정작 재난 시에는 다른 곳에 숨을 수 있다. 그러다 안정을 찾으면 은신처로 돌아올 것이다. 은신처에 들어갈 수 있게 문을 열어 고정하고 그 옆에 사료와 물을 준비해 둔다. 지진일 때는 신축 건물의 화장실이 비교적 안전한 곳이다. 화장실 안에 고양이의 은신처를 만든다.

➡ {36쪽} 도망쳐 숨을 만한 안전한 공간 만들기

추위·더위 대책

집 안에서 온도가 쾌적한 곳을 찾아갈 수 있게 도어스토퍼 등으로 문을 고정해 방을 오갈 수 있게 한다. 추울 때는 침실의 담요나 이불로 몸을 따뜻하게 할 수 있고, 더울 때는 비교적 서늘한 욕실이나 현관 바닥에서 더위를 식힐 수 있다.

재난 발생 시 하면 안 되는 행동

✗ 라이터 등으로 불 붙이기
✗ 전기 스위치 켜기
✗ 차단기 올리기
✗ 긴급하지 않은 전화 걸기 등

라이터 등으로 불을 붙이면 어딘가에서 가스가 샜을 때 불이 붙는다. 불빛은 촛불이 아니라 손전등을 사용한다. 전기로 인해 일어나기 쉬운 화재를 막으려면 차단기를 올리거나 전기 스위치를 켜지 않는다. 전화가 몰려 통신이 마비되므로 긴급하지 않은 전화는 삼간다.

보호자 외출 중에 재난 발생
바로 집에 가지 못할 때 고양이의 안부 확인하기

《 밖에서 재난을 당했을 때 순서도 》

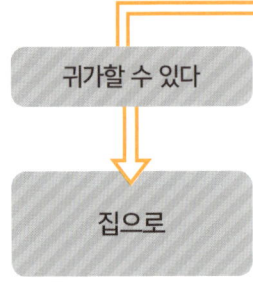

귀가할 수 있다 → **집으로**

안전하게 귀가할 수 있다면 고양이를 구하러 집으로 간다. 가는 길이 위험할 때는 무리하지 않는다.

귀가할 수 없다 → **직장에 있는 경우** → **있던 곳에 머문다**

건물 붕괴 등의 우려가 없을 때는 있던 곳에 머무는 것이 안전하다. 직장 등에도 최소한의 비상용품을 준비한다.

야외 또는 길에 있는 경우 → **가까운 대피 장소로** → **임시 체류 시설로**

가까운 대피 장소에서 상황을 지켜본다. 일본은 대중교통 운행이 재개될 때까지 임시로 머물 수 있는 임시 체류 시설을 제공한다.

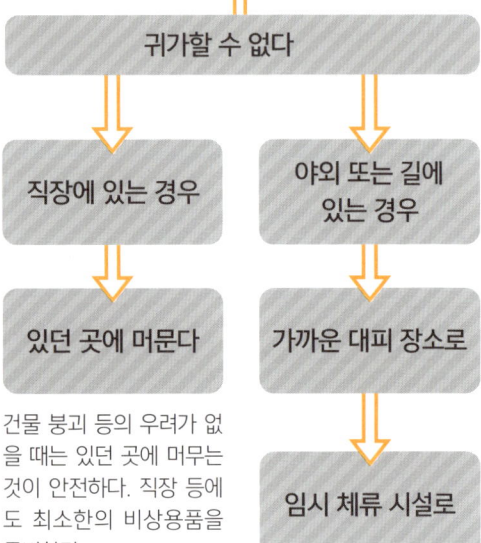

밥을 원격 급여한다
온라인으로 제어되는 사료 급여기가 있다. 정전이 아니면 원격으로 고양이에게 밥을 줄 수 있다.

집에서 먼 곳에서 재난을 당한 경우 교통이 마비되어 귀가하지 못할 수 있다. 먼저 가족과 고양이의 안부를 확인한다. 고양이가 가족과 함께 집에 있다면 다행이다. 홈카메라로 집에 있는 고양이의 안부를 확인할 수 있다.
창밖에서 집안을 볼 수 있다면 이웃에게 확인을 부탁한다. 도움을 받을 수 있는 사람을 미리 만들어 놓는다.

보호자가 밖에 있을 때 재난을 당하면 귀가가 어렵다. 고양이가 무사한지 확인할 수 있는 방법을 강구한다.

《 고양이의 안부를 확인하는 방법 》

집에 있는 가족에게 연락하기

일반 전화는 회선이 마비될 수 있다. 휴대폰의 긴급전화 이용이나 카카오톡이나 모바일 메신저 등으로 가족과 고양이의 안부를 확인한다.
➡ 《113쪽》 카카오톡이나 모바일 메신저 사용

홈카메라로 확인하기

홈카메라를 고양이가 잘 보이는 곳에 설치해 놓았다면 잘 있는지 확인할 수 있다.

이웃에게 부탁하기

창밖에서 안을 들여다볼 수 있다면 이웃에게 고양이가 무사한지 봐 달라고 부탁할 수 있다. 건물이 무사한지만 확인해도 마음이 놓인다. 통신이 먹통이 될 수 있으니 이웃과 연락할 수단을 만들어 놓는다.

장거리를 걸어서 집에 가려면

걸어서 집에 갈 수 있는 거리라면 걸어서 간다. 굽이 높은 신발은 장거리를 걷기에 부적합하니. 직장에 운동화와 지도를 준비해 둔다.
일본은 편의점, 주유소, 패밀리 레스토랑 등에 '재난 시 귀가 지원 스테이션'이 있다. 물, 화장실, TV, 라디오 등의 재난 정보를 제공한다.

밖에서 지진이 발생했을 때 몸을 지키는 방법

가방으로 머리를 보호하는 것이 기본

어디에 있든 머리를 보호하는 것이 가장 중요하다. 가방을 머리에 올리거나 겉옷을 머리에 쓴다. 마트에 있다면 쇼핑바구니를 쓴다. 아무것도 없을 때는 양손의 손목을 안쪽으로 해 동맥을 보호하면서 머리를 감싼다. 무릎을 바닥에 대는 등 자세를 낮춰야 안전하다.

번화가

고층빌딩에서 깨진 유리가 떨어질 수 있으므로 되도록 떨어진다. 낙하물의 위험이 없는 광장으로 이동한다. 내진성이 높은 신축 빌딩이 있으면 그곳으로 도망친다. 혼잡한 곳에서는 공황 상태에 빠질 수 있으므로 이성적으로 행동한다.

우리나라는 2019년부터 내진 성능을 확보한 건축물을 지진안전 시설물로 인증하는 인증제를 운영하고 있다.

지하상가

지하상가는 지상보다 안전하다. 머리를 보호하면서 기둥이나 벽 옆에서 흔들림이 멎기를 기다린다. 지진 발생 직후에는 지상으로 나가는 비상구에 사람이 몰리므로 주의한다. 정전이 되면 휴대폰의 손전등 기능을 이용한다.

길 위

담장, 자판기 등은 쓰러질 수 있으므로 떨어져 있는다. 좁은 골목은 길이 많이 막히므로 빨리 이동한다. 고베대지진 때는 폭 4m 미만인 길의 70% 이상이 통행 불가였다.

➡ {47쪽} 재난 시 피해야 할 장소

고층빌딩·아파트

고층빌딩은 흔들리기 쉽고, 길게 흔들린다. 저층보다 고층이 더 크게 흔들린다. 사무실에서는 사무용품이 떨어지고 복사기 등이 움직이므로 낙하물이 적은 엘리베이터를 기다리는 곳이나 계단으로 이동한다.

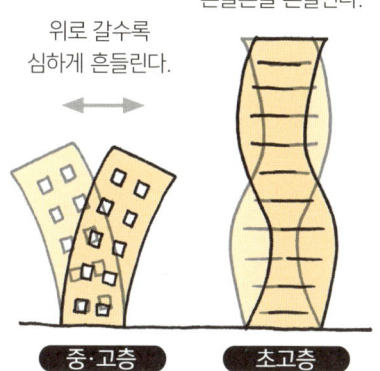

엘리베이터 안

모든 층의 버튼을 눌러 멈춘 층에서 내린다. 갇히면 출입문을 억지로 열거나 환기구로 탈출하려 하지 말고 비상 호출 버튼(인터폰)을 통해 외부에 연락한다. 정전이 되어도 비상 조명 장치가 켜진다. 일본에는 물, 식료품, 비상용 간이 화장실 등을 갖춘 엘리베이터도 있다.

역 안

추락 위험이 있으므로 승강장에서 떨어져 흔들림이 멎기를 기둥 옆에서 기다린다. 계단, 에스컬레이터에서는 넘어지기 쉬우므로 자세를 낮춘다. 역무원의 지시에 따른다. 지하철역 안이 지상보다 안전하므로 곧장 지상으로 나가지 않는다.

전철 안

심한 흔들림이 감지되면 전철은 급정지한다. 넘어지지 않게 기둥이나 손잡이를 잡고, 가방 등으로 머리를 보호하며 자세를 낮춘다. 곧 비상 조명 장치가 켜진다. 승무원의 지시에 따른다. 감전의 위험이 있으므로 절대 선로에 내려가지 않는다.

자동차 운전 중

비상등을 켜고 서서히 갓길에 정차한 뒤 흔들림이 멎기를 기다린다. 라디오 등으로 정보를 모으고, 걸어서 대피한다. 자동차는 도로가 아닌 주차장이나 광장 등으로 옮긴다. 중요한 물품과 차량 검사증을 챙긴다.

➡ {59쪽} 도보 대피가 원칙이다

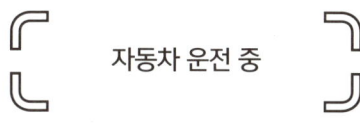

수해(호우, 홍수, 장마, 토사 재해 등) 발생

물이 발목까지 차오르기 전에 대피하기

➡ {47쪽} 도로가 침수되었을 때는 우산 등으로 발밑을 확인하며 걷는다

빠른 대피가 중요!

- 80 cm · · · · 물이 허리까지 차오르면 걷는 것도 위험!
- 70 cm · · · · 남자라도 걷기 힘들다.
- 50 cm · · · · 여자는 걷기 힘들다.
- 30 cm · · · · 현관문이 열리지 않는다. 자동차 엔진이 멈출 위험이 있다.
- 20 cm · · · · 아이는 현관문을 열기 어렵다. 자동차 브레이크 성능이 떨어진다.

태풍이나 집중호우 같은 수해가 증가하고 있다. 수해는 빠른 대피가 기본이며, 발목 높이 이상 물에 잠긴 도로를 걷는 것은 위험하다. 대피가 늦었다면 집이나 인접 건물의 높은 층으로 이동해 위기를 모면할 수 있지만, 2층 이상도 침수의 위험이 있다. 기상 정보에 귀를 기울이고 경보가 발령되면 빠르게 대피한다. 야간 대피는 위험하므로 큰비나 태풍의 접근이 예상되면 어두워지기 전에 대피한다.

POINT

물에 잠긴 도로를 걷는 것은 위험하므로 침수되기 전에 대피한다. 물이 차기 시작했다면 높은 층으로 피한다.

집에서 침수, 비바람 대피법

덧문과 커튼을 닫고 창문에서 멀어지기

비바람을 막기 위해 덧문을 닫는다. 커튼을 치고 테이프를 붙이면 유리 파편이 튀는 것을 막을 수 있다.

건물의 2층 이상 또는 산 반대편으로 이동하기

침수가 예상된다면 되도록 높은 층으로 이동한다. 옆에 산이나 비탈면이 있다면 산사태 위험이 있으니 산의 반대편으로 이동한다.

지하나 반지하에서 바로 나오기

지하로 빗물이 유입되면 문이 열리지 않을 위험이 있으니 바로 나온다. 욕실, 화장실에 하수가 역류할 수 있다.

모래주머니로 침수 막기

모래주머니를 쌓아 침수를 방지한다. 모래주머니가 없으면 쓰레기봉투 두 장을 겹쳐서 물을 절반 정도 채워 사용한다.

⚠ 지진해일은 '높은' 곳으로

지진해일은 10km 이상 내륙까지 밀고 들어오기도 한다. '더 멀리'가 아니라 '더 높은' 곳으로 대피해야 한다. 높은 곳이 없다면 철근콘크리트로 된 3층 이상의 건물로 대피한다.

벼락칠 때 대피법

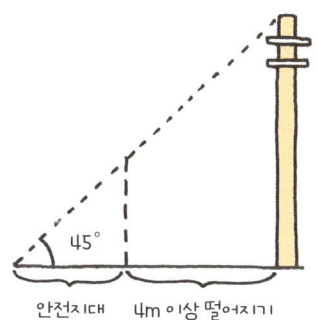

나무나 전봇대는 벼락이 치기 쉬우므로 4m 이상 떨어진다. 위 그림의 작은 삼각형 안이 안전하다. 우산은 피뢰침을 대신하기 때문에 쓰지 않는다. 대피할 곳이 없는 탁 트인 곳에서는 몸을 웅크리고 앉는다.

부상 또는 상태가 좋지 않을 때
고양이의 응급처치

의식 유무 확인
의식을 확인할 때 몸을 흔들지 말고 이름을 불러 반응이 있는지 확인한다.

노랑아

의식이 있다

외상 확인
다쳤을 때는 응급처치를 실시한다. 의식이 있지만 통증이 있으면 보호자를 물 수 있으므로 움직이지 못하게 붙든다. 고양이가 날뛰어도 어떻게든 동물병원에 데려간다.
➡ {71쪽} 의식이 있는 고양이는 붙잡은 다음에 응급처치

의식이 없다

심장 소리 확인
고양이의 왼쪽 가슴에 귀를 대고 심장박동을 확인한다. 심장박동은 1분 동안 120~220회 들리는 것이 정상이다. 15초 동안 세고 4를 곱한다.

동물병원에 데려갈 시간과 수단이 없을 때 고양이의 생존 가능성을 높이기 위해 응급처치를 한다. 가능한 한 동물병원에 데려가는 것이 가장 좋으며, 데려가지 못하더라도 동물병원과 연락이 닿으면 수의사의 지시에 따라 처치한다. 잘못된 방법으로 하다가 상태가 더 나빠질 수 있다. 재난 시라도 운영하는 동물병원이 있다. 동물병원이 전기와 물을 쓰지 못하는 상황에서도 필사적으로 구호 활동을 펼친 사례는 세계적으로 많다.

POINT
수의사의 진료를 받을 수 없을 때 보호자가 기본 응급처치를 알고 있으면 좋다.

⬇ ⬇

| 심장이 뛴다 | 심장이 뛰지 않는다 |

⬇ ⬇

호흡 확인

가슴이 위아래로 움직이는지 살핀다. 코끝에 거울이나 안경을 대고 뿌옇게 흐려지는지, 잘게 찢은 휴지가 흔들리는지 등으로 확인한다.

【 인공호흡 】 77쪽

【 심장 마사지 】 78쪽

⬇ ⬇

| 호흡이 있다 | 호흡이 없다 |

⬇ ⬇

안정

심장 소리가 들리고 호흡이 있을 때에는 심장이 있는 왼쪽을 위로 해 안정을 취한다. 부상이 있으면 응급처치를 한다. 10분 이상 의식이 돌아오지 않을 때에는 동물병원에 데려간다.

【 인공호흡 】 77쪽

심장 마사지는 하지 않는다. 심장이 움직이고 있는데 마사지를 하면 불필요한 부담을 준다.

응급처치는 안전한 장소에서, 보호자가 마음을 충분히 진정한 상태에서 한다. 큰 소리를 내면 고양이가 더 놀랄 수 있다.

골든타임은 15분

심장이 멈추고 5분이 지나면 뇌사 상태가 된다. 10분이 지나면 소생 가능성이 없다. 심폐정지 후 곧바로 심장 마사지와 인공호흡을 해서 뇌에 혈액이 얼마간 공급되었더라도 골든타임은 15분이다. 15분 동안 해도 맥박이나 자발호흡이 돌아오지 않는다면 살아날 가망이 없다.

출혈

정맥 출혈이냐 동맥 출혈이냐에 따라 지혈 방법이 다르다.

피가 배어나다
정맥 출혈
↓
압박 지혈

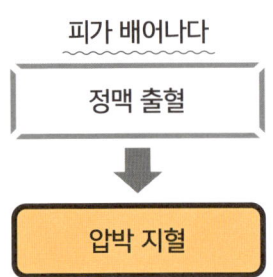

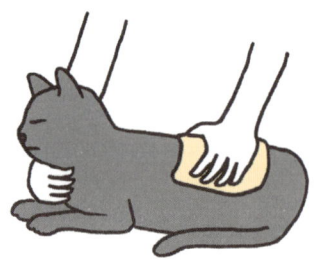

(준비물) 거즈와 붕대, 없으면 손수건이나 수건

다친 곳을 거즈나 붕대 등으로 세게 누른다. 피가 번져도 거즈를 바꾸지 않는다. 바꾸면 굳어 가던 상처가 벌어진다. 5분 이상 압박한 뒤 거즈 위에 붕대를 느슨하게 감아 상처를 보호한다. 손수건이나 수건, 천 조각으로 해도 된다. 탈지면이나 휴지는 상처에 들러붙어 적합하지 않다.

피가 콸콸 쏟아지다
동맥 출혈
↓
심장에 가까운 부분 묶기

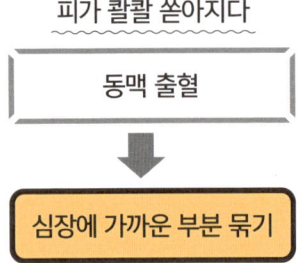

(준비물) 붕대나 수건, 손수건, 볼펜 등의 막대

심장에 가까운 부분을 붕대나 수건, 손수건 등으로 묶어 지혈한다. 붕대를 묶은 매듭에 볼펜 등의 막대를 끼운 후 한 번 더 단단하게 감는다. 방치하면 묶은 끝부분에 괴사가 일어나므로 5분마다 매듭을 느슨하게 해 준다. 출혈이 멎으면 압박 지혈로 전환한다.

빈혈인지 알아본다

고양이의 아랫눈꺼풀을 밑으로 내려 봤을 때 붉은 기가 없고 희멀거면 빈혈일 수 있다. 잇몸 색깔도 마찬가지다. 외상이 없어도 몸 내부에 출혈이 있을 수 있다. 빨리 동물병원에 데려간다.

소량의 출혈은 씻어내기만 해도 OK

출혈이 크지 않을 때는 흐르는 물로 씻어 청결하게만 해도 충분하다. 움직이지 못하면 페트병, 컵에 물을 담아와 씻는다. 이물질은 제거할 수 있다.

응급처치 전에 의식이 있는 고양이를 붙잡는 방법

응급처치를 하고 싶어도 고양이가 날뛰면 힘들고, 보호자를 물어 다치게 할 수 있다. 그러므로 의식이 있는 고양이는 응급처치를 하기 전에 움직이지 못하게 붙들어야 한다. 두 사람이 하는 방법도 있다. 잘 붙들지 못하면 동물병원에 데려간다.

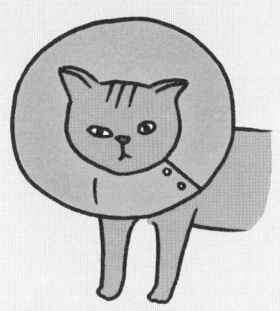

엘리자베스칼라
목에 씌우면 물릴 걱정이 줄어든다. 클리어파일 등으로 직접 만들 수 있다. 환부를 핥아 상태가 나빠지는 것을 막는다.

세탁망
고양이를 세탁망에 넣고 지퍼를 살짝만 열어 머리나 다리 등 환부만 밖으로 꺼내 처치한다. 수건 등으로 얼굴을 덮어 주면 안정된다.

눈가리개
발톱을 깎을 때 눈을 가리면 차분해지는 고양이가 많아 개발되었다. 응급처치에도 쓸 수 있다. 그래도 날뛰면 몸도 목욕 수건 등으로 누른다.

붕대로 입을 고정
상당히 세게 조여야 하지만 붕대로 입을 고정할 수 있다. 붕대로 주둥이를 감고 턱 아래에서 교차시킨 뒤 목 뒤쪽에서 묶는다. 주둥이가 짧은 고양이에게는 쓸 수 없다. 붕대로 목을 감으면 목이 졸리므로 주의한다. 응급처치가 끝나면 되도록 빨리 풀어준다.

골절·타박상

전문가가 아니라면 골절과 타박상을 구분하기란 어렵다. 함부로 움직이지 않는 것이 중요하다.

타박 ➡ 식히기

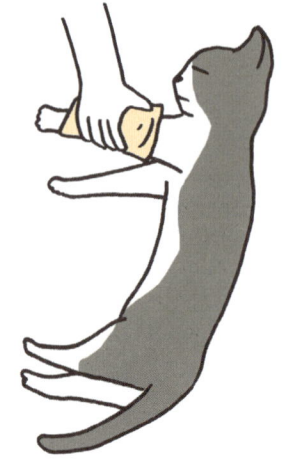

(준비물) 아이스팩, 아이스베개, 얼음주머니 등

상처가 없으면 일단 환부를 식힌다. 아이스팩이나 아이스베개, 얼음주머니를 환부에 대고 식힌다. 15~20분이 적당하다.

골절 ➡ 고정하기

(준비물) 종이 박스, 붕대, 수건, 테이프

심하게 부었거나 다리가 이상한 방향으로 꺾여 있으면 골절이다. 통증으로 상태가 악화되는 것을 막기 위해 부목으로 고정한다. 종이 박스나 나무판자를 대고 테이프나 붕대, 수건으로 감는다. 부목을 대기 힘들면 되도록 고양이를 움직이지 못하게 한다. 부러진 곳을 원래대로 되돌리려고 시도하지 않는다.

나무판자나 종이 박스를 들것으로 활용

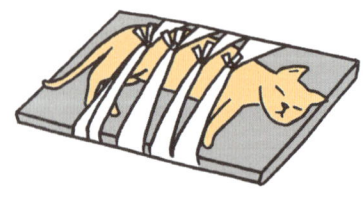

골절일 때는 되도록 환부를 움직이지 못하게 해야 한다. 이동장에 넣으려면 다리를 구부려야 하므로 나무판자나 종이 박스를 들것 대신 활용한다. 판자에 고양이를 눕히고 붕대나 수건으로 감아 고정한다. 종이 박스는 잘 미끄러지므로 고정이 필요하다. 의식이 없을 때도 같은 방법으로 옮긴다.

화상

식히는 것이 가장 중요하다. 동물병원에 가는 동안에도 환부를 식힌다.

부분적·경도 화상

 식히기

환부에 묻은 모래 등의 이물질을 씻어낸 뒤 아이스팩이나 아이스베개, 얼음주머니 등을 대고 식힌다. 15~30분이 적당하다. 동물병원에 가는 동안에도 계속 식힌다.

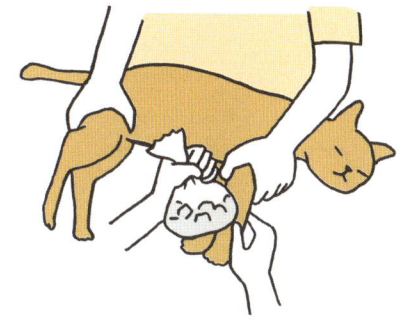

(준비물) 아이스팩, 아이스베개, 얼음주머니 등

광범위·중도 화상

 랩으로 감아 식히기

환부에 묻은 이물질을 씻어낸 뒤 환부를 식품용 랩으로 감고 테이프 등으로 고정한다. 상처가 마르지 않게 해서 상처가 낫도록 하는 '습윤 요법'이다. 통증을 줄이기 위해 랩 위에 찬 수건이나 아이스팩을 대고 식힌다. 환부는 매일 씻기고 새 랩으로 바꾼다.

(준비물) 식품용 랩, 테이프, 수건, 아이스팩, 아이스베개, 얼음주머니 등

⚠️ 화상에 소독이나 연고는 NO!

소독제와 연고는 세균을 죽이지만 상처를 치료하려는 세포까지 죽인다. 상처는 물로 씻기만 하면 된다. 바셀린을 상처에 바르거나 랩에 발라 사용하면 상처를 보호하고 통증을 가라앉힐 수 있다. 고양이의 몸은 털로 덮여 있어 화상을 입어도 발견하기 어렵다.

화상의 중증도

1도	표피만 손상. 피부가 빨갛다.
2도	진피까지 손상된 상태. 통증과 물집이 생긴다.
3도	피하조직까지 손상된 상태. 깊은 곳까지 화상을 입어 감각 상실로 통증을 느끼지 못한다.
4도	뼈, 근육 등 더 깊은 조직까지 손상된 상태.

열사병

여름철 실내에서도 걸릴 수 있다. 몸을 빨리 식혀야 한다. 동시에 탈수(75쪽 참조)도 개선한다.

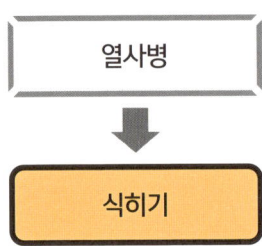

식히는 부위

더운 곳에 갇혀 있으면 열사병에 걸려 위험할 수 있다. 열사병은 몸을 빨리 식히는 것이 중요하다. 아이스팩을 머리 뒷부분과 목덜미, 겨드랑이 등 굵은 혈관이 지나는 곳에 댄다. 열이 39℃까지 내려가고 개구호흡(입을 벌리고 하는 호흡)이 진정될 때까지 계속한다. 뇌, 내장에 장애가 생길 수 있으므로 몸을 식혀가며 동물병원으로 간다.

(준비물)
아이스팩, 아이스베개, 얼음주머니 등

물이 든 대야에 고양이를 넣거나 샤워기로 물을 뿌린다. 고양이가 날뛰면 세탁망에 넣어서 한다.

물에 적신 수건으로 온몸을 감싸 식힌다. 수건이 금방 미지근해지므로 계속 바꿔 준다.

열사병의 중증도

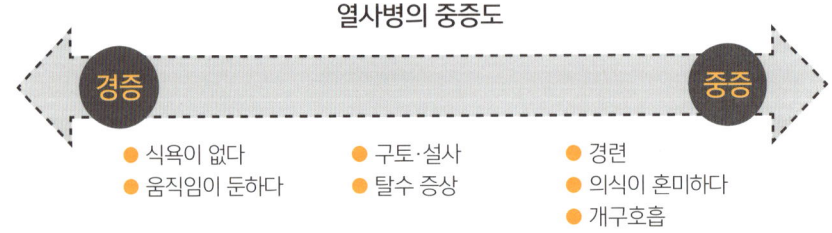

경증 ────────────────── 중증

- 식욕이 없다
- 움직임이 둔하다
- 구토·설사
- 탈수 증상
- 경련
- 의식이 혼미하다
- 개구호흡

대피 생활 중에는 전기를 쓰지 못해 여름철에 열사병에 걸리기 쉽다. 고령, 비만, 지병이 있는 고양이가 걸리기 쉽다. 중증이면 사망률이 50%다.

유사시를 대비해 순간 냉각팩을 준비한다.
➡ {97쪽} 고양이의 더위 대책

탈수

열사병, 감기, 구토, 설사 때도 탈수 증상을 보인다.

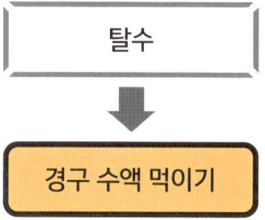

스포츠 음료를 2배로 묽게 해서 먹이거나 경구 수액을 만들어 먹인다. 주사기나 스포이트를 송곳니 뒤쪽 틈새에 끼워서 먹인다. 조금씩 자주 주는 것이 중요하다. 특히 토했을 때는 한 번에 많이 먹이면 구토를 반복할 수 있다. 개구호흡을 하는 중증 탈수는 링거 처치가 필요하므로 동물병원으로 간다.

(준비물) 스포츠 음료, 물, 소금, 설탕, 주사기나 스포이트

체중 1kg당 10cc 이상 먹인다.

경구 수액 만드는 법

물 1L에 설탕 4작은술(약 20g), 소금 1/4작은술(약 1.5g)을 녹이면 고양이용 경구 수액이 만들어진다. 냉장고가 없으면 보관이 어려우므로 필요할 때마다 만든다. 냉장고에 보관하더라도 하루를 넘기지 않는다.

탈수 증상을 알아보는 방법

목 부분 피부를 집어 올렸다가 놓는다. 건강한 고양이라면 피부에 탄력이 있어 금방 돌아가지만, 탈수 증상이 있으면 원래대로 돌아가기까지 시간이 걸린다(개체마다 차이가 있다). 잇몸이 끈적끈적하거나 말라도 탈수 증상을 의심할 수 있다.

저체온

추위뿐 아니라 질병이나 부상으로도 저체온에 빠진다. 고양이의 경우 37℃는 저체온이다.

저체온
⬇
심장에서 먼 곳부터 따뜻하게 하기

추운 곳에 장시간 방치하면 저체온이 된다. 몸을 급격하게 덥히거나 심장부터 따뜻하게 하면 몸에 큰 부담이 되므로 심장에서 먼 곳부터 천천히 따뜻하게 한다. 고양이를 종이 박스 안에 넣고 보온 물주머니나 핫팩을 발끝, 엉덩이, 얼굴 등에 댄다. 따뜻한 공기가 빠져나가지 않게 박스에 수건이나 담요를 넣어 준다. 질병이나 부상 등 내인성 저체온의 경우는 지혈 등의 치료를 병행한다.

(준비물) 보온 물주머니, 핫팩, 고양이용 난방기구, 종이 박스, 수건 등

 {96쪽} 고양이의 추위 대책

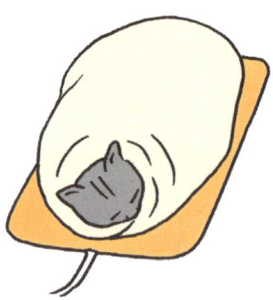

고양이용 전기 매트를 사용할 때는 몸을 담요나 수건으로 감싼 뒤 매트 위에 올려 간접적으로 덥힌다. 몸을 주무르고 만지는 등 마사지를 해 주는 것은 좋지 않다. 안정이 중요하다.

⚠ 드라이어로 덥히는 것은 위험

드라이어는 몸을 급격하게 덥히기 때문에 피하는 것이 좋다. 다만 흠뻑 젖었다면 드라이어로 빨리 말려 주는 것이 좋다.

저체온의 중증도

경증		중증
● 온몸 떨림 ● 호흡이 빠르다 ● 핏기가 없다	● 근육 경직 ● 호흡이 얕고 느리다 ● 부정맥	● 호흡곤란 ● 혼수상태

호흡 없음

자발호흡이 보이지 않을 때는 고양이의 코에 숨을 불어넣는
'마우스 투 노즈 mouth-to-nose' 인공호흡을 한다.

호흡이 멈춘 후 인공호흡을 시작할 때까지 시간이 짧을수록 소생 가능성이 높다. 인공호흡을 하는 동안 다른 사람은 동물병원에 연락한다. 병원에 가는 동안에도 응급처치를 지속한다. 눈가가 실룩대는 것은 의식이나 자발호흡이 돌아왔다는 신호이지만 다시 호흡이 멈출 수 있으니 상황을 지켜본다.

1 기도 확보

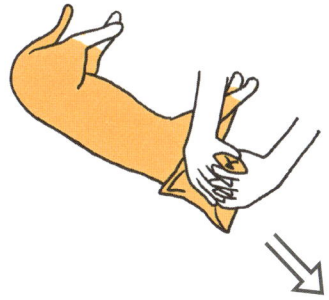

혀가 목 안쪽으로 말려 들어가 있으면

입을 벌려 고양이의 혀를 앞쪽으로 당긴다. 혀가 미끄러워 잡기 힘들 때는 천을 대고 잡는다. 이물질이나 토사물이 막고 있으면 손가락으로 제거한다.

심장이 있는 왼쪽이 위로 가도록 몸을 눕힌 다음 목을 바로 해 기도를 확보한다. 입 안을 살펴 이물질이 있는지, 혀가 목 안쪽으로 말려 들어가 있지 않은지 확인한다. 공기가 새는 것을 막기 위해 주둥이를 양손으로 누른다.

2 코에 입 갖다 대기

고양이의 입과 코를 자신의 입으로 완전히 덮는다.

3 숨 불어넣기

고양이의 흉부가 부풀어 오르도록 코에 숨을 불어넣는다. 너무 급하게 하면 위에 공기가 들어가므로 천천히 한다. 입을 떼고 불어넣은 공기가 배출되어 가슴이 오므라드는 것을 확인한다.

4~6초에 1회
(1분간 10~15회)
숨을 불어넣는다.

4 자발호흡이 돌아올 때까지 계속하기

15초에 1회 간격으로 심장 소리를 재확인하면서 인공호흡을 계속한다. 눈가가 실룩대는 것은 자발호흡이 돌아왔다는 신호다. 인공호흡을 중지하고 상황을 지켜본다.

심폐정지

심폐정지 때는 심장 마사지와 인공호흡을 교대로 한다.

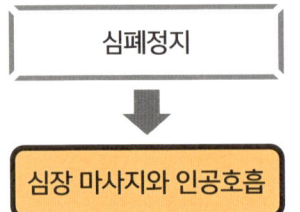

심폐정지가 되면 심장 마사지와 인공호흡을 교대로 하는 '심폐소생술'을 한다. 경험이 없어서 완벽하지 않더라도 빨리 시작하는 것이 소생 가능성을 높인다. 평상시에 시뮬레이션을 해 두면 중요한 순간에 도움이 된다.

1초에 2회 정도
(1분간 100~120회)
1~2cm 깊이로 압박

 왼쪽이 위로 오도록 눕히기

심장이 있는 왼쪽이 위로 오도록 몸을 눕힌다.

 가슴 압박하기(심장 마사지)

한 손을 왼쪽 앞발 겨드랑이 뒤쪽 부근에 끼운다. 심장을 손바닥으로 감싼 후 손가락으로 주무르듯 리드미컬하게 압박한다.
* 너무 세게 압박하면 갈비뼈가 부러져 폐 같은 장기가 다칠 수 있다.

 인공호흡

심장 마사지를 5~10회 한 후 인공호흡을 1회 한다.
➡ {77쪽} 인공호흡

4 맥박이 돌아올 때까지 계속하기

맥박을 1분마다 확인하고 맥박이 돌아오지 않으면 ②, ③을 계속한다. 맥박은 68쪽과 같이 가슴에 귀를 대거나 발목, 허벅지, 겨드랑이를 만져 확인한다. 15분을 해도 맥박이 돌아오지 않으면 살아날 가망이 없다.

두 사람이 할 수도 있다

심장 마사지를 하는 사람과 인공호흡을 하는 사람으로 역할을 분담할 수 있다. 한 사람이 더 있으면 시간을 재고 횟수를 셀 수 있다. 다만 심장 마사지와 인공호흡을 동시에 해서는 안 되며 교대로 해야 한다.

3장

슬기로운 대피 생활

대피는 대피소에서만 하는 게 아니다

자택 대피 ➡ {82쪽}　　**텐트 대피** ➡ {92쪽}　　**자동차 대피** ➡ {90쪽}

고양이를 집에 두고 돌보기
➡ {84쪽}

자택 부지 내

지인 집에 고양이 맡기기 ➡ {85쪽}

 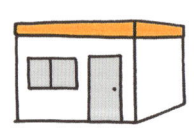 

지인에게 맡기기　　**임시 보호소에**　　**동물병원이나 펫호텔에 맡기기**
➡ {95쪽}　　　　　　　**맡기기**　　　　　　➡ {94쪽}
　　　　　　　　　　　➡ {95쪽}

대피소(임시 주거 시설)에서 대피 생활을 하는 것이 당연하다고 많이 생각하지만, 집에서 생활이 가능하다면 집이 가장 좋다. 대피소는 각자의 공간이 좁아 사생활 보호가 어렵고, 감염병의 위험도 있다. 고양이도 집에 있는 것이 스트레스가 적다. 전기, 수도, 가스 등이 끊겼다면 고양이는 집에 있고 사람은 대피소에서 지내면서 오갈 수 있다. 대피 생활을 보내는 법은 다양하다.

POINT

대피는 대피소에서만 하는 것이 아니다. 피해를 입지 않았다면 집에서 지내는 것이 가장 좋다. 고양이도 스트레스를 덜 받는다.

대피 생활의 형태는 다양하다

대피소 부지 내

처마 대피란 실내는 아니지만 지붕이 있는 곳에서 지내는 것이다. 반려동물 전용 공간으로 할당되는 경우도 많은데, 문제는 심한 더위와 추위다.

대피소에서 반려동물과 지낸다고 해도 보호자와 한 공간에 있는 경우는 드물다. 한 공간에 있어도 개 등 다른 반려동물과 함께일 수 있다.

대피소에서 고양이 돌보기 ➡ {86쪽}

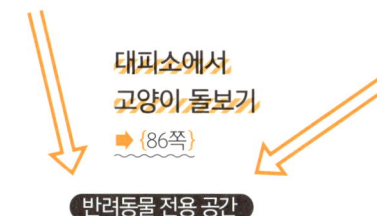

자동차 대피 ➡ {90쪽}

텐트 대피 ➡ {92쪽}

대피소에서 고양이와 지낸다고 해도 고양이는 전용 공간에 두고 보호자가 매일 들여다보는 것이 대부분이다. 알레르기 때문에 고양이와 사람을 한 공간에 두지 않는다.

⚠ **동반 대피 ≠ 반려동물과 한 공간**

동반 대피가 반려동물과 한 공간에서 지낸다는 의미는 아니다. 동반 대피란 반려동물과 함께 안전한 곳으로 이동하는 것이다. 대피소는 동물을 좋아하지 않거나 알레르기가 있는 사람도 있어서 고양이는 별도의 공간에 두는 경우가 많다.

고양이도 사람도 집
집이 안전하면 집에서 대피

물 문제

⬇

수도가 복구되기 전에는 급수차 등을 이용

급수 거점이나 급수차에서 물을 얻는다. 약수통이나 2L짜리 페트병에 물을 받는다. 없으면 종이 박스나 양동이에 큰 비닐 봉투를 두 겹 겹쳐 씌운 다음 물을 받아 묶는다.

단수 때 물을 보급받을 수 있는 '재난 시 급수 장소' 마크(일본 도쿄).

식사 문제

⬇

가스버너의 대활약!

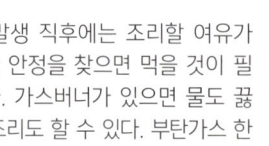

재난 발생 직후에는 조리할 여유가 없지만 안정을 찾으면 먹을 것이 필요하다. 가스버너가 있으면 물도 끓이고 조리도 할 수 있다. 부탄가스 한 통이면 60분 정도 사용할 수 있다.

POINT
건물 피해가 적으면 사람과 고양이 모두 집에서 대피 생활을 한다. 물자와 정보는 대피소에서 얻는다.

집이 붕괴될 위험이 없고 화재 등 2차 재난의 걱정이 없다면 집에서 지내는 것이 사람과 고양이 모두에게 스트레스가 적어서 가장 좋다. 고베대지진 때 건물이 다소 무너져도 고양이의 60%가 집에서 지냈다.
전기, 수도, 가스 등이 끊기면 비축해 둔 부탄가스와 물이 도움이 된다. 구호물자는 대피소에서 얻는다.

화장실 문제

⬇

배수가 가능하면 물로 흘려보내고, 불가능하면 쓰레기로 버린다.

배수가 가능할 때

배수가 불가능할 때

고양이용 화장실 모래와 배변 패드 활용!

수세식 화장실을 사용할 수 없을 때 고양이용 화장실 모래와 배변 패드로 사람들의 배설물을 처리할 수 있다. 신문지 대신 사용하면 악취도 덜 난다. 재난 시에는 응용력이 중요하다.

단수여도 배수가 가능하면 물로 배설물을 흘려보낸다. 배수관이 파손되지 않았는지 확인한 후 사용한다. 설거지, 빨래 등에 쓴 물을 재사용한다.

변기에 비닐 봉투를 씌우고 수분을 흡수할 신문지를 뭉쳐 넣는다. 이용 후에 비닐 봉투를 묶어서 버린다. 종이 박스, 양동이를 변기 대신 사용할 수 있다.

쓰레기 문제

⬇

배출 장소 알아두기

쓰레기를 내놓는 곳이 바뀔 수 있으니 대피소나 관공서에 문의하여 확인한다. 지정되지 않은 곳에 쓰레기를 내놓으면 수거해 가지 않아 악취의 원인이 되고, 그것을 본 다른 사람이 또 쓰레기를 버리는 악순환을 낳는다.

대피소에서 반드시 등록할 것

집에서 대피 중이어도 구호물자와 정보는 대피소에서 얻어야 하므로 대피소에 가서 이재민으로 등록한다. 여러 정보를 얻기 위해서 대피소 사람들이나 이웃들과 적극적으로 교류한다. 수의사 단체 등에서 순회 진료를 할 수 있으니 잘 알아둔다.

그렇구나!

고양이는 집, 사람은 대피소
고양이를 집에 두고 돌보기

집에 고양이를 둘 때 주의할 점

불필요한 물건 정리하기
엉망이 된 방에서는 고양이를 찾기 힘들다. 피해가 적은 방을 치운 후 그곳에 고양이를 둔다.

고양이가 도망쳐 숨을 공간 마련하기
대피 생활 중에도 여진이 일어날 수 있다. 이동장 등 고양이가 숨을 공간이 있으면 좋다. 여진에 넘어질 가구가 없는지 살핀다.

탈출 방지가 가장 중요하다
창문이나 벽의 일부가 부서졌다면 고양이가 도망치지 못하게 나무판자나 종이 박스 등으로 임시 보수한다. 규모가 커서 보수가 어려우면 고양이를 켄넬에 넣는다.

필요한 물자 챙기기
사료와 물 등이 필요하다. 집에 없다면 구비한다.

전기, 수도 등이 끊겼어도 집의 피해가 적으면 고양이를 집에 두는 것이 고양이에게는 스트레스가 적다. 매일 들러 밥과 물을 챙기고 배설물을 치운다. 고양이 출입 불가인 대피소가 있어서 이 방법을 택해야 할 때도 있다.
집이 피해를 입었다면 피해가 적은 지인 집에 고양이를 부탁하고 여럿이 돌보는 방법도 있다.

POINT
보호자는 대피소 등 다른 곳에서 지내면서 집에 있는 고양이를 매일 보러 간다.

지인 집에 고양이 맡기기

가능하다면 다른 반려동물과 분리한다
스트레스와 감염병 예방 차원에서 다른 반려동물과 분리하는 것이 좋다. 한방에 있어야 한다면 켄넬에 천을 씌워 다른 동물이 보이지 않도록 한다.

문을 여닫을 때 도망치지 않게 주의
고양이가 다른 방이나 밖으로 뛰쳐나가지 않게 켄넬을 잠그거나 문을 여닫을 때 주의한다.

켄넬에 넣기
지인 집의 벽 등이 손상되지 않게 고양이를 켄넬 안에서 돌본다. 매일 청소하고, 냄새에도 신경을 쓴다.

집주인에게 감사의 뜻 표하기
호의를 당연시해서는 안 된다. 인사와 감사를 전하고, 불편을 끼치지 않는지, 도울 일은 없는지 묻는다.

다른 반려동물에게도 관심 갖기
집주인이나 다른 보호자의 반려동물이 있을 수 있다. 대피소의 '반려인 모임'(89쪽 참조)처럼 서로 협력한다.

아파트 주민은 대피소에 들어갈 수 없다?
대피소는 모든 이재민을 수용할 수 없다. 비교적 내진성이 높은 아파트(철근콘크리트 구조 등)에 사는 사람은 집에서 지내라는 말을 듣기도 한다. 단독주택은 내진성과 내화성이 낮아서 집이 위험한데, 아파트는 전기와 수도 등이 끊겨도 건물이 무사하기 때문이다.

고양이도 사람도 대피소
고양이도 함께 대피소에 들어가려면

반려동물의 출입이 가능한 대피소인가

모든 대피소에 반려동물도 들어갈 수 있다는 방침을 명확히 내세운 지역이 있는가 하면, 운영자의 방침에 따라 출입이 불가하거나 출입을 검토조차 하지 않은 곳도 있다. 어떤 곳은 재난으로 혼란스러운 와중에 반려동물의 출입 여부를 부랴부랴 결정하기도 한다. 유사시에 허둥대지 않도록 자신이 사는 지역의 대피소의 방침을 미리 알아둔다. 아무 방침도 없으면 사전에 검토를 요구한다.

'반려동물 동반 대피 원칙'

반려동물 동반 대피는 법률이 아니라서 강제력은 없다. 2016년 일본 구마모토지진 때는 재해대책본부에서 각 대피소로 지침을 내려 반려동물의 출입이 가능해진 사례가 있다.
* 미국, 호주 등 선진국은 반려동물 대피와 이동에 관한 법을 제정하거나 의무화하고 있다._편집자

대피소에서 고양이와 함께 지내고 싶어도 대피소가 반려동물 출입 불가일 수 있다. 애당초 반려동물 관련 방침이 없는 대피소가 많다. 그런데 보호자가 펫티켓을 지키지 않아 반려동물 출입 불가로 방침이 바뀐 사례도 있다. 대피소에서 반려동물과 지낼 수 있느냐 없느냐는 보호자의 태도에 따라 달라지기도 한다. 대피소 운영자와 이성적으로 논의한다.

POINT

대피소에서 고양이와 함께 있으려면 펫티켓을 철저히 지켜야 한다.

펫티켓을 지키지 않아 반려동물 출입 불가!

반려동물과 함께 대피소에 들어갔는데 펫티켓을 지키지 않아서 출입 불가가 된 사례가 있다. 한 보호자가 개를 대피소 안에 풀어 놓았기 때문이다. 반려동물과 함께 대피했던 사람들 전원이 대피소에서 퇴출되었다. 다른 보호자들에게도 막대한 피해를 입혔다. 대피소는 사람이 우선인 장소다. 동물을 좋아하지 않거나 동물 알레르기가 있는 사람도 있다.

펫티켓을 지키지 않은 사례

반려동물은 전용 공간에 있어야 하는데 일반 공간에 데려오거나 배설물을 치우지 않고, 영유아 옆에서 개를 산책시킨 사례가 있었다. '반려인 모임'(89쪽 참조)을 만들어 논의한다.

대피소에서 반려동물을 받지 않으면 좋겠다고 생각하는 이유

*일본, 《2016년도 대피소 이재민 지원에 관한 실례 등 보고서》 중에서

1. 냄새 ·················· **79.9**%
2. 짖는 소리 등 소음 ············ **77.6**%
3. 동물 알레르기 ················ **56.7**%
4. 동물이 무서움 ················ **23.9**%

이재민은 '손님'이 아니다

대피소에 간다고 행정기관이 다 알아서 해 주지 않는다. 관공서나 대피소 책임자도 재난을 당한 와중에 대피소를 개설·운영하는 것이므로 손님인 양 있어서는 안 된다. 접수나 배식 등 일을 거든다. 다른 사람의 공간에 들어가거나 엿보고 소리를 내면 안 된다. 고령자, 임산부, 어린아이, 외국인 등에게도 신경을 쓴다.

3장 슬기로운 대피 생활

고양이도 사람도 대피소
대피소에서 고양이를 돌보는 요령

고양이 사육 공간 만드는 법

만지지 말라는 경고문
아이들도 읽을 수 있게 큰 글씨로 만지지 말라는 경고문을 만든다. 물림 사고가 생겨서는 안 된다.

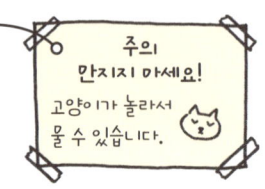

평소에 쓰던 방석이나 수건이 있으면 안심
고양이가 평소에 쓰던 방석, 수건이나 보호자의 체취가 묻은 옷이 있으면 고양이가 안정을 찾는 데 도움이 된다.

다른 반려동물과 떨어뜨리기
낯선 동물이 보이면 겁을 먹고 위협하기도 한다. 켄넬끼리 떨어뜨리거나 보이지 않는 곳에 둔다.

보호자와 정보 명시하기
고양이에게 무슨 일이 생기면 바로 연락할 수 있도록 보호자의 이름과 정보를 붙여 놓는다.

켄넬을 천이나 종이 박스로 가리기
켄넬을 가리면 고양이가 안정된다. 특히 초반에는 켄넬 전체를 가리는 것이 좋다.

POINT

고양이의 스트레스를 줄일 방법을 생각한다. 보호자끼리 서로 협력해 털이나 냄새에도 신경을 쓴다.

대피소에서는 고양이를 켄넬에 넣어 돌본다. 낯선 곳에서 다른 반려동물과 함께 지내기 때문에 되도록이면 스트레스를 덜 받게 켄넬 주변을 천으로 가리는 등의 조치가 필요하다. 아이들이 고양이를 만지려고 하면 정중히 거절한다. 손대지 못하게 만지지 말라는 경고문을 붙인다.

냄새와 털 빠짐에도 신경을 쓰자

87쪽에서 보았듯이 반려동물의 냄새는 대피소에서 반려동물을 꺼리는 가장 큰 이유로 꼽힌다. 고양이는 스스로 털을 손질해서 냄새가 심하지 않지만, 배설물은 빨리 치우고 배변 봉투에 신문지를 넣어 냄새를 흡수하는 등 신경을 쓴다. 비듬이나 털은 알레르기의 원인이 되므로 정기적으로 빗질을 해 주거나 물 없이 사용하는 워터리스 샴푸로 씻긴다. 빗질을 하면 털이 날리므로 장소도 잘 선별한다. 몸 손질 중에는 가슴줄을 채우는 등 탈출 방지책을 잊지 않는다.

'반려인 모임' 만들기

반려동물을 키우는 보호자가 뭉치는 것이 중요하다. 대표자를 정해 두면 대피소 운영자와 논의할 때 수월하다. 동물용 구호 물자나 순회 진료 같은 정보를 전달하기도 쉽다. 대피소를 잠시 비울 때도 있으므로 반려동물의 밥을 챙겨 주는 등 협력한다. 반려동물 전용 공간을 분담해서 청소한다.

대피소에서도 방범에 신경 쓰자

대피소에서 도난, 사기, 성폭력 같은 범죄가 일어난다. 범죄 피해를 입지 않으려면 귀중품은 몸에 지니기, 야간에 돌아다니지 않고 인적이 드문 곳은 피하기, 낮에도 가급적 여럿이서 행동하기, 여자는 긴 머리를 모자 등에 숨겨 여자라는 사실을 모르게 하기 등 방범 대책이 필요하다. 호신용 경보기나 호루라기를 휴대하고, 어두워지면 혼자 화장실에 가지 않는다. 공무원이나 자원봉사자를 사칭하는 사기꾼도 있으므로 수상하다면 경찰에 신고한다.

차에서 고양이와 함께 지내기

고양이도 사람도 차

차 안에서 돌보는 방법

침대와 화장실 마련하기
이동장 안에 침대와 화장실, 물그릇 등을 마련한다. 이동장 주변을 천이나 종이 박스로 가리면 고양이가 안정을 찾는 데 도움이 된다.

탈출 방지책은 필수
사람이 타고 내릴 때 고양이가 도망치지 않도록 이동장을 차 안에 두고 고양이를 돌본다. 가슴줄만 채우면 고양이가 차 안을 돌아다니다가 리드줄이 엉켜 목이 졸릴 위험이 있으므로 바람직하지 않다.

고양이를 차 안에 방치하면 열사병 위험
에어컨을 끈 차 안은 여름철이면 50℃를 웃돌며, 에어컨을 끈 후 5분만에 경계 수준에 이른다. 최고 기온이 23℃ 정도인 날이라도 방치하면 열사병의 위험이 있다.

반려동물과 함께 지내려고 대피소로 가지 않고 차박을 선택하는 보호자도 많다. 사생활이 어느 정도 보장되고, 차에 기름이 있으면 전기와 에어컨을 쓸 수 있어 대피소에서 지낼 때보다 스트레스를 덜 받는다는 장점이 있다. 차는 대피소 부지 외에도 허가받은 광장 등에 세우고 생활할 수 있다. 차박을 할 때는 은박 돗자리나 침낭이 있으면 편리하다. 평소에 가족끼리 차박을 연습하면 구비해야 할 물품 등을 알 수 있다.

> **POINT**
> 자동차가 있다면 고양이와 함께 생활할 수 있다. 이코노미클래스증후군과 열사병에 주의한다.

《 차박을 하는 요령 》

주차하는 곳

경사지나 인적이 없는 곳은 피한다. 경사지에 차를 댈 때는 사이드브레이크를 채우고 바퀴에 고임목을 괸다.

잘 때는 시트를 평평하게

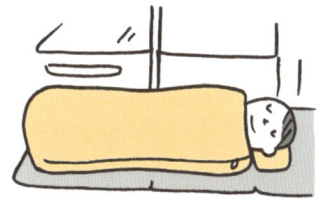

차 시트를 넘어뜨리고 목욕 수건이나 옷을 깔아 자리를 가급적 평평하게 만든다. 앉은 자세로 자면 이코노미클래스증후군의 위험이 있다.

엔진을 계속 켜두는 것은 NO

엔진을 계속 켜두고 자면 배기가스가 차 안으로 들어와 일산화탄소중독의 위험이 있다. 추울 때는 옷을 껴입는 등의 대책을 강구한다.

은박 돗자리 등으로 가리기

사생활을 보호하고 추위·더위 대책도 된다. 차량용 방충망을 설치하면 환기에 도움이 된다.

이코노미클래스증후군에 주의한다

차박으로 대피 생활을 했던 사람들 중에 이코노미클래스증후군에 걸린 사람이 많았고, 사망한 사람도 있었다. 장시간 같은 자세로 있으면서 다리를 움직이지 않은 것이 원인이었다. 다리에 생긴 혈전이 혈관을 막아 호흡곤란이나 심폐정지를 일으킨다. 고령자, 중·노년 여성이 특히 조심해야 한다. 차에서 앉은 자세로 자면 걸리기 쉽다. 장시간 앉은 자세는 피하고 수분을 섭취해야 한다. 다리 마사지와 스트레칭을 하는 것도 효과적이다.

고양이도 사람도 텐트
텐트에서 고양이와 함께 지내기

텐트 생활을 하는 요령

플라이 시트와 그라운드 시트
텐트 하나만으로는 비나 밤이슬을 피할 수 없다. 텐트 위를 덮는 플라이 시트와 텐트 바닥에 까는 그라운드 시트가 있으면 비도 피할 수 있다.

탈출 방지책은 필수
사방을 닫을 수 있는(풀 클로즈 타입) 텐트라도 고양이가 천을 찢어 도망칠 수 있다. 가슴줄을 채우고 리드줄을 묶어 두거나 켄넬에 넣어 돌본다.

잠자리와 화장실 마련하기
이동장 등 주변이 막힌 곳이면 고양이가 안심할 수 있다. 종이 박스로 간이 집을 만든다.

텐트에서 여름나기
지퍼로 모두 닫아놓으면 여름철에는 열기가 잘 안 빠진다.

텐트에서 생활하면 고양이와 한 공간에서 지낼 수 있고 사생활이 보장된다. 다리를 뻗고 잘 수 있으므로 이코노미클래스 증후군 걱정도 없다. 단점은 낮과 밤의 기온 차가 심하고, 벼룩과 진드기 같은 기생충에 물릴 위험이 높다는 것이다. 고양이에게 정기적으로 구충제를 투약한다. 체육관 등 실내에 텐트를 쳐서 사생활 공간을 만들 수 있다. 초보자도 쉽게 설치할 수 있는 텐트를 준비하면 재난 시 도움이 된다.

> **POINT**
> 텐트를 포함한 캠핑 용품은 재난 시 요긴하다. 평소에도 사용할 수 있어 구비해 놓으면 손해 볼 일은 없다.

《 텐트 활용술 》

실내에서도 활약

체육관 등 실내에 텐트를 치면 사생활 공간을 확보할 수 있다. 옷 갈아입기도 편하다.

그늘막 설치 & 차와 병용

식사는 그늘막 아래서, 잘 때는 차 안에서와 같이 차와 함께 쓰면 행동반경이 넓어진다.

캠핑 용품은 재난 시 대활약!

랜턴

정전 시에는 불빛이 있는 것만으로도 마음이 놓인다. 안전을 생각해 건전지를 넣는 랜턴이 좋다. 손전등에 비닐 봉투를 씌우면 불빛이 퍼져 조명으로 쓸 수 있다.

침낭

여러 명이 들어갈 수 있는 침낭이 있으면 고양이까지 가족이 함께 들어가 서로 온기를 나눌 수 있다.

아이스박스

재난 발생 직후에는 냉장고에 든 물건을 아이스박스로 옮긴다. 바퀴가 달려 있어 운반이 용이한 아이스박스는 물과 식료품을 옮기는 데 편리하다.

헤드라이트

손전등보다 양손을 자유롭게 쓸 수 있는 헤드라이트가 편리하다. 야간 대피나 작업하기가 수월하다. 방수 기능이 있고 광각으로 빛을 비출 수 있으며 건전지를 넣는 제품이 좋다.

도저히 돌볼 수 없다면
고양이 맡기기

동물병원이나 펫호텔에 맡기기

단골 동물병원이나 펫호텔에 맡길 수 있으면 대피소보다 고양이의 스트레스가 덜할 것이다. 몸이 좋지 않을 때 바로 진료를 받을 수도 있지만 입원비, 치료비 등 비용이 든다. 백신 접종을 하지 않았으면 거부당할 수 있다.

➡ {42쪽} 유사시를 대비한 고양이 건강관리

《 맡길 때 조건 》

- 백신 접종 완료
- 기생충 구제 완료
- 지병 등의 데이터

➡ {23쪽} 고양이 건강수첩

믿을 만한 동물병원에 맡길 수 있으면 대피소에서 지내는 것보다 고양이의 스트레스가 덜할 것이다. 몸이 좋지 않을 때 바로 진료를 받을 수도 있다. 다만 재난 시 금방 만실이 될 것이다. 대피 생활이 장기화될 때 멀리 사는 지인에게 고양이를 맡길 수 있으면 좋다. 유사시를 대비해 평상시에 고양이를 맡길 곳을 알아본다. 고양이를 키워 본 경험이 있는 사람이면 더 좋다.

POINT

유사시에 고양이를 맡길 수 있는 지인을 마련해 둔다. 고양이를 키운 경험이 있는 사람이 좋다.

지인에게 맡기기

대피 생활이 장기화될 경우, 고양이를 맡아 줄 가족이나 지인이 있으면 좋다. 평상시에 알아본다. 고양이가 새로운 환경에 적응할 때까지 이동장에서 돌보는 것이 좋다. 먹이는 사료 등 기본 정보를 전하고, 고양이에게 드는 비용은 보호자가 부담한다. 고양이를 키운 경험이 없는 집이라면 고양이가 도망칠 수 있으므로 탈출 방지책도 전달한다.

임시 보호소에 맡기기

반려동물재대협

일본의 반려동물재해대책추진협의회는 재난 시 반려동물 구호 활동을 지원한다.

일본은 지자체나 수의사회가 조직한 현지 동물재해구호본부에서 피해 동물을 구호·보호한다. 대피소가 반려동물 출입 불가라면 이런 곳에 고양이를 맡기는 것도 좋은 방법이다. 2011년 동일본대지진 때는 재난이 발생하고 17일 후에 임시 보호소 수용을 시작했다. 민간 비영리단체나 자원봉사자가 맡아 주기도 한다. 어느 경우든 나중에 분쟁이 생기지 않게 맡기는 조건, 기간, 비용 등을 확인하고 각서를 교환한다.

재난 후 일상 회복이 힘들면 새 보호자를 찾는 방법도 있다

일상을 회복한 보호자가 고양이와 다시 함께 사는 것이 가장 바람직하다. 하지만 피해 복구가 몇 년이 걸려 남에게 맡기는 상태가 지속된다면 새 보호자를 찾는 것이 좋을 수도 있다. 신원이 확실한 사람인지, 평생 잘 돌봐줄 사람인지 판별한다. 사기를 치는 사람도 있으므로 안이하게 고양이를 넘겨서는 안 된다. 보호소 등에 입양을 부탁할 때는 소유권 포기 각서를 제출한다.

고양이의 추위 대책, 더위 대책

고양이의 추위 대책

일회용 핫팩은 10시간 이상 열기가 지속
전기를 쓸 수 없을 때 기댈 수 있는 것이 핫팩이다. 고양이가 핫팩의 내용물을 먹지 않게 주머니에 넣어 사용한다. 한나절이 지나면 새 핫팩으로 바꾼다.

친한 고양이끼리 온기 나누기
다묘 가정의 경우, 친한 고양이들을 같은 켄넬에 넣으면 추위 대책이 된다.

상자 in 상자로 냉기 막기
종이 박스를 여러 개 겹치면 방한율이 올라간다. 상자 안에는 담요나 수건을 깐다.

페트병으로 간이 보온 물주머니
끓인 물을 페트병에 담아 수건으로 감싸면 간이 물주머니가 된다. 뜨거운 물을 바로 넣으면 페트병이 찌그러지므로 실온의 찬물과 1 : 1로 섞어 60℃ 정도로 맞춘다.

바닥에 단열재나 종이 박스, 발포 스티로폼 깔기
바닥에서 올라오는 냉기를 막기 위해 은박 단열재나 종이 박스, 발포 스티로폼을 깐다. 지면에는 냉기가 모이므로 책상처럼 조금 높은 곳에 켄넬을 두는 것이 좋다.

➡ {76쪽} 저체온

전기와 가스를 쓰지 못하면 사람도 힘들지만, 켄넬 안에 있는 고양이는 자유롭게 돌아다니지 못하므로 대책이 더 절실하다. 특히 여름철의 열사병은 생명을 위태롭게 한다. 입을 벌리고 숨을 거칠게 몰아쉬는 증상 등이 보이면 동물병원에 데려간다. 나이가 많거나 지병이 있거나 비만인 고양이는 열사병의 위험이 높다. 유사시를 대비해 핫팩이나 보온 물주머니, 순간 냉각팩을 준비한다. 사람, 고양이 모두 쓸 수 있어 편리하다.

POINT
전기가 복구되기 전까지는 냉난방 기구를 쓸 수 없다. 더위·추위를 견딜 수 있는 아이디어와 물품이 필요하다.

고양이의 더위 대책

시원한 것 목에 두르기
아이스팩을 천으로 감싸 목에 둘러주면 체온을 낮출 수 있다. 물에 적시면 냉각 효과가 있는 아이스 타월을 감아 줘도 좋다. 너무 차가워지지 않게 조심한다.

주먹으로 때리면 시원해지는 순간 냉각팩
주먹으로 때리면 안에 든 성분이 화학 변화를 일으켜 시원해진다. 효과는 길어야 100분 정도이지만 유용하다.

➡ {74쪽} 열사병

켄넬 위에 아이스팩
냉기는 위에서 아래로 흐르므로 켄넬 위에 아이스팩을 두면 좋다.

털을 짧게 자르는 것은 역효과
고양이는 더울 때 몸을 핥아 기화열로 체온을 낮춘다. 털을 바싹 밀면 털 손질을 잘 하지 못해 오히려 역효과가 날 수 있다. 피부가 노출되면 벌레에 물리기도 쉽다. 장모종 고양이는 털을 1.5cm 정도 남기고 잘라 피부가 노출되지 않게 한다.

켄넬 바닥에 쿨매트
알루미늄 등으로 된 쿨매트를 켄넬 안에 넣는다. 여름에는 켄넬을 바닥에 두는 것이 더 시원하다. 마실 물도 잊지 않는다.

사람의 더위 대책

2018년 일본의 집중호우 때 100명 이상이 열사병 의심 증상으로 병원에 긴급 이송되었다. 옷을 껴입으면 누그러지는 추위와 달리 에어컨 없이 더위를 견디기란 쉽지 않다. 순간 냉각팩을 준비하는 것 외에도 물에 적신 수건으로 몸을 닦고, 갈증을 느끼기 전에 수분을 보충하고, 경구 수액을 섭취한다. 열사병에 걸리면 두통이나 메슥거림, 손발 저림 등의 증상이 나타난다.

➡ {75쪽} 경구 수액 만드는 법

고양이를 잃어버렸다면

집 주변을 구석구석 수색하기

실내에서 키우는 고양이는 집에서 도망쳐도 대부분 집 근처에 숨어 있기 일쑤다. 소리를 내지 않고 가만히 웅크리고 있을 때도 많으므로 실외기 옆이나 덤불 속 등을 샅샅이 살핀다. 평소 사용하는 이동장을 꺼내 놓으면 그 안에 들어가 있기도 한다.

지역의 관련 기관에 문의하기

- 경찰서, 소방서
- 유기동물 보호소
- 동물병원
- 지자체의 동물 담당 부서
- 포인핸드 등 입양 전문 기관
- 재해본부

그렇구나!

누군가가 목격해 신고할 수도 있으므로 관련 기관에 문의해 실종 신고를 한다. 임시 보호소에서 보호하고 있는 경우도 있다. 재난 발생 직후에는 혼란스러우므로, 체제가 갖춰지는 대로 연락한다.

POINT

집이 무너지거나 피신처에서 도망쳐서 실종되는 고양이가 많다. 빨리 수색해 찾는다.

지진 때문에 집의 창문이 저절로 열려서, 동반 대피 도중에 이동장이 망가져서, 대피소의 켄넬 안에서 도망쳐서 등의 이유로 재난 시에는 길 잃은 동물이 많다. 실종 동물을 찾으려면 수색을 가급적 빨리 시작하는 것이 중요하다. 지자체에서 운영하는 유기동물 보호소에 수용된 동물은 일정 기간이 지나면 안락사되지만 피해지에서 보호된 동물은 보호자가 있을 가능성이 높으므로 수용 기간이 길어진다.

실종 전단지 활용하기

보호자 혼자서 찾기에는 한계가 있다. 사진을 넣은 실종 전단지를 만들어 비상용 가방에 넣어둔다. 잃어버린 곳 주변, 인근 동물병원, 대피소 등에 붙인다. 실종 사실을 알릴 수 있는 사이트나 앱을 활용한다.

* 각종 SNS, 포인핸드, 당근마켓, 온라인 모임 등을 활용할 수 있다._옮긴이

특징을 알 수 있는 컬러 사진
고양이의 얼굴과 무늬, 꼬리 길이와 모양, 목줄 색깔 등을 알 수 있는 컬러 사진이 필수다. 특징이 있는 사진을 여럿 넣어도 된다.

잃어버린 장소를 기재
집에서 도망쳤다면 근처에 있을 것이다. 전단지에 고양이의 이름, 나이는 수색에 크게 도움이 안 된다. 어디서 잃어버렸는지 등을 자세히 넣는다.

전화번호를 반드시 기재
전화번호 기재는 필수다.

발견한 고양이를 잡는 법

낯선 야외에 있는 고양이는 겁에 질려 있기 때문에 큰 소리를 내거나 가까이 다가가면 도망칠 수 있다. 경계하지 않도록 자상한 목소리로 말을 걸고 좋아하는 간식을 내민다. 만질 수 있는 거리까지 다가오면 안아서 이동장에 넣는다. 도망치지 않게 세탁망 등에 넣어도 된다. 고양이가 경계해 도망치면 같은 장소, 같은 시간에 매일 밥을 주러 간다. 고양이는 그곳에 다시 나타날 것이다. 밥만 그곳에 둘 수도 있는데 계속 그대로 두지 말고 시간이 어느 정도 지나면 치운다. 그렇게 하면 그 시간에 나타날 확률이 높다.

# 피해 복구하기

 대피 생활 기간 ▶ 2주 후

대피소 등에서 생활하면서
피해를 복구하려는 노력을 시작한다

- 집 치우기
- 피해 복구 상담

되도록 빨리 자활 수단을 찾는다. 어디서부터 시작하면 좋을지 모를 때는 관련 상담 창구에 문의한다.

자원봉사자에게 도움을 요청하자

대피소 생활에서 힘든 점이나 자택 청소 등 봉사자의 손을 빌리고 싶을 때는 자원봉사 센터에 문의한다. 무엇을 어떻게 부탁하면 좋을지 모를 때 이야기를 나누다 보면 머릿속이 정리되는 경우도 많다.

POINT

언제까지 대피 생활을 할 수만은 없다. 자원봉사자의 손을 빌려 하루라도 빨리 일상을 회복한다.

> ### 피해 사실 신고하기
>
> 우리나라는 지진, 태풍, 호우 등의 재난으로 피해가 발생하면 재난 종료 시점부터 10일 이내에 '자연재난 피해신고서'를 작성해서 피해 사실을 신고해야 한다. 산불은 자연재난이 아닌 사회재난으로 분류된다. 읍·면·동 행정복지센터에 직접 방문하거나 온라인 국민재난안전포털을 통해서도 신고가 가능하다. 피해 신고서를 접수하면 현장 확인 후 재난지원금을 비롯한 지원 혜택을 받을 수 있다. 반드시 복구 작업 전에 피해 상황을 찍어 둔다. '피해사실확인서'를 요구하기도 하므로 미리 발급받는 것이 좋다._옮긴이

복구에 돌입 → 6개월 후 → 일상 회복 기간

- 주택 보수하기
- 새 주택 구입
- 임대주택에 거주

⚠️ **재난을 틈탄 사기에 주의!**

일본에서는 재난 때 수리업자로 가장해 선불을 받은 뒤 연락을 두절하거나 무료 점검을 해 주겠다며 고액 계약을 강요하는 사기가 있었다. 보험 사기도 있었다. 의심이 들면 한국소비자원 등에 상담한다.

언제까지 재난의 충격에서 벗어나지 못하고 있을 수만은 없다. 일상을 되찾는 것이 고양이를 위한 길이기도 하다. 대피소 등에서 생활하면서 집에 가서 치우는 등 피해 복구에 힘을 쏟는다. 재난 발생 후 피해 복구와 관련된 상담 창구가 열리면 상담한다.

고양이와 임시주택에서 지내기

지원 주거 형태의 두 종류

	임시조립주택	공공임대주택
지원 주택	거실, 주방, 화장실 등 기본 시설 구비	빈 공공임대주택 활용
지원 기간	1년 이내, 주택 복구 시까지	6개월~2년
지원 절차	수요 조사, 시공사 선정 → 부지 선정 → 제작, 기반 공사 → 입주	지원 요청 → 공급 가능 주택 파악 → 운영방안 협의 → 계약 체결, 입주

* 2022년 8월 행정안전부가 발표한 집중호우 이재민 주거 안정 지원책 참조

2019년 강원도 산불 이재민에게 지원한 임시조립주택

2019년 태풍(미탁) 이재민에게 지원한 임시조립주택

우리나라는 재난으로 인해 주택 피해를 입었을 때 복구에 장시간이 소요되면 임시주택을 지원한다. 생활 근거지에서 생활할 수 있게 임시조립주택을 지원하거나 도심에서는 공공임대주택을 지원한다. 반려동물 동반 입주와 관련된 사항은 별도로 없다. 고양이와 동반 입주했다면 펫티켓을 지켜야 한다.

POINT
고양이와 함께 임시주택에서 지내는 경우에도 기본적인 펫티켓은 지켜야 한다.

다양한 지원 제도 이용하기

이재민에게는 다양한 지원 제도가 마련된다. '피해사실확인서'를 요구할 수 있으니 피해 사실을 먼저 신고한 후 지원을 받는다. 풍수해보험이나 시민안전보험에 가입한 사람은 관련 보상을 받을 수 있다.

통장, 현금카드를 분실했을 때 신분증이 있으면 재발급을 받을 수 있다. 훼손된 지폐는 조건을 충족하면 은행에서 반액 또는 전액을 보상 교환해 준다.

* 우리나라는 재난의 유형을 '자연재난'과 '사회재난'으로 구분한다. 자연재난은 태풍·홍수·호우·대설·지진·화산 등 자연현상으로 인한 재해이며, 사회재난은 화재(산불)·붕괴·폭발·교통사고·환경오염사고·감염병 등으로 인한 피해다. 자연재난 및 사회재난 중 특별재난지역으로 선포되면 국고를 지원받을 수 있다._옮긴이

구호금 지급
자연재난 및 사회재난 중 특별재난지역으로 선포된 지역에서 인명 피해를 입었으면 구호금을 받을 수 있다.

인명 피해에 대한 의연금 지급
(자연재난만 해당)

자연재난으로 인명 피해를 입었으면 의연금도 받을 수 있다. 의연금은 위로금 성격으로 지급되는 국민 성금이다.

주택 복구비 지원
특별재난지역으로 선포된 지역에서 주택이 전파되었으면 주택 면적에 따라 지원금을 지원한다. 반파되었어도 지원한다. 침수 피해를 입었어도 지원한다.

소상공인 지원
2023년부터 주택과 농·어업 분야로 제한한 피해 지원 대상에 소상공인이 포함되었다. 생계 안정 차원의 지원을 한다. 특별재난지역으로 선포된 지역에서 직접적인 피해를 입었다면 사업장별로 지원금을 지급한다.

간접 지원
특별재난지역으로 선포된 지역은 간접 지원도 받을 수 있다. 일반재난지역에서 실시하는 혜택(국세·지방세 납세 유예, 국민연금 납부 예외, 상하수도요금 감면 등) 외에도 건강보험료 감면, 전기·도시가스·통신요금 감면 등의 혜택이 추가된다.

* 2023년 7월 기준

재난 스트레스로 인한 반려동물의 증상

재난 시 동물이 보이는 증상

* 다른 질병의 가능성도 있으므로 반드시 수의사의 진료를 받는다.

- ☐ 차분함이 사라졌다.
- ☐ 평소와 다른 곳에서 배변, 배뇨를 한다(화장실이 아닌 곳에서 용변을 본다).
- ☐ 사소한 소리에 반응한다(몸을 떨거나 운다).
- ☐ 불면 상태가 지속된다(잠을 자지 못하거나, 금방 깨거나, 졸려서 꾸벅꾸벅하면서도 잠을 깊이 자지 못한다).
- ☐ 식욕이 떨어지거나 아예 먹지를 않는다.
- ☐ 구토, 설사, 변비 등 소화기 이상 증상을 보인다.
- ☐ 행동이 난폭해졌다(사소한 일에 날뛰거나 문다).
- ☐ 보호자 옆에서 떨어지지 않는다.
- ☐ 혼자 있으면 몸을 떤다.
- ☐ 공황 상태가 되어 소변이나 대변을 지린다.
- ☐ 과도한 털 손질로 탈모, 피부염이 생긴다.
- ☐ 입을 벌려 호흡하거나 침을 흘린다.

반려동물이 이런 증상을 보이면 보호자가 차분하게 행동하는 것이 가장 중요하다. 보호자의 불안과 동요는 반려동물에게 전해진다. 보호자도 공황 상태가 될 수 있지만 반려묘를 지킬 수 있는 사람은 자신밖에 없다는 사실을 상기한다. 따뜻한 말을 반복해 건네거나 쓰다듬어 주는 스킨십도 효과가 있다. 같이 사는 친한 고양이가 심리적으로 안정되어 있다면 함께 돌보는 것도 좋은 방법이다.

어떤 증상이든 반드시 수의사의 진료를 받는다. 내과적 원인이 있을 수 있고, 정신적 원인이라 해도 약이나 보조제로 안정을 찾을 수 있다.

지켜야 할 반려동물이 있어 버텼다는 이야기는 재난을 겪은 경험자들에게서 종종 들을 수 있다. 서로에게 의지하면서 어려운 상황을 이겨내야 한다.

사람과 고양이의 외상후스트레스장애

심한 충격이나 정신적 스트레스를 받은 후 시간이 지나도 강한 공포를 느끼면 외상후스트레스장애PTSD 상태다. 힘든 경험을 하면 누구나 잠을 못 이루지만 증상이 몇 달 이어지면 외상후스트레스장애로 진단한다. 가족 중에 희생자가 생기거나 주거지를 잃고, 생활에 변화가 생기면 미래에 대한 불안이 높아지는 등 스트레스가 크다. 불면, 우울, 식욕부진 같은 증상이 나타난다. 혼자서 견디려 하지 말고 전문가를 찾는다. 재난 시에 상담사가 있기도 하고, 정신건강의학과나 심리상담센터에 상담할 수도 있다.

* 우리나라는 재난 경험자의 심리적 안정을 돕고자 재난심리회복지원센터(대표전화 1670-9512)를 운영하고 있다._옮긴이

고양이도 같은 증상이 나타날 수 있는데 그것이 심적 외상 때문인지, 재난 후 생활 변화에 따른 것인지는 확실하지 않다. 어느 쪽이든 스트레스가 원인으로 작용해 다양한 증상을 야기한다고 알려져 있다. 특히 식욕부진, 설사, 구토, 탈수 같은 내과적 증상을 일으키는 경우가 많다. 얌전하던 고양이가 예민해져 물거나 작은 소리에도 과민하게 반응하는 행동은 정신적 스트레스가 원인이라고 추측된다. 2011년 동일본대지진 때는 여진을 알리는 긴급 지진 속보 소리에 놀라 공황 상태에 빠진 반려동물이 많았다.

Point

- 정신적으로 힘들다면 전문가와 상담한다.
- 보호자의 불안은 고양이에게 전염된다.
- 고양이의 증상을 반드시 수의사와 상의한다.

Goods 고양이를 위한 비상용품 목록

필요한 물건을 다 가져갈 수는 없다. 꼭 가져가야 할 물품을 꾸린다.

1 최우선으로 가져가야 할 것

- ☐ 이동장
- ☐ 사료
- ☐ 지병 약, 처방식
- ☐ 주사기, 스포이트

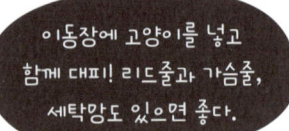
이동장에 고양이를 넣고 함께 대피! 리드줄과 가슴줄, 세탁망도 있으면 좋다.

2 가능한 한 가져갈 것

- ☐ 고양이가 찍힌 사진
- ☐ 고양이와 보호자가 찍힌 사진
- ☐ 고양이 건강수첩(110쪽 참조. 예방접종증명서, 각종 검사표 등도 있으면 좋다)
- ☐ 실종 전단지

3 있으면 편리한 물품, 나중에 가져갈 물품

- ☐ 켄넬
- ☐ 화장실 용기, 화장실 모래, 배변 패드
- ☐ 고양이 침대
- ☐ 식기, 물그릇
- ☐ 엘리자베스칼라
- ☐ 빗
- ☐ 장난감
- ☐ 캣닢
- ☐ 반려동물용 탈취제
- ☐ 물 없이 사용하는 샴푸
- ☐ 쿨매트(여름철)

사람과 공용으로 쓸 수 있는 물품

사람과 고양이가 함께 쓸 수 있는 물품으로 구비한다.

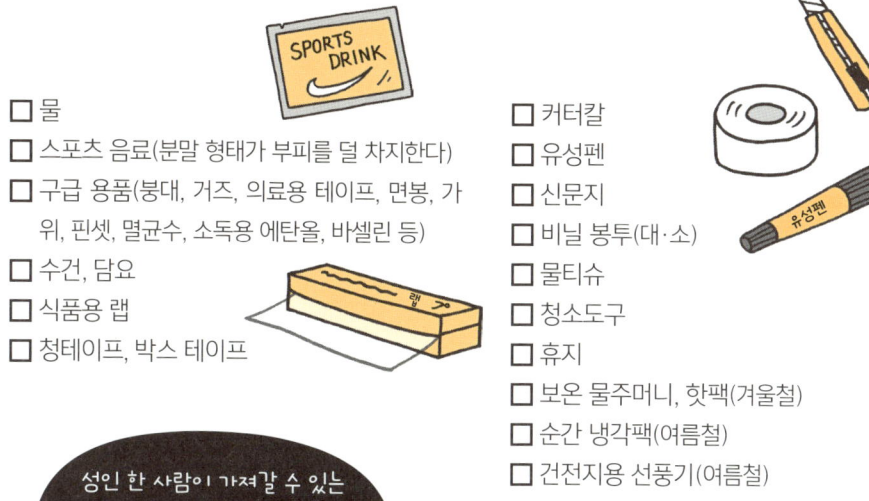

- ☐ 물
- ☐ 스포츠 음료(분말 형태가 부피를 덜 차지한다)
- ☐ 구급 용품(붕대, 거즈, 의료용 테이프, 면봉, 가위, 핀셋, 멸균수, 소독용 에탄올, 바셀린 등)
- ☐ 수건, 담요
- ☐ 식품용 랩
- ☐ 청테이프, 박스 테이프
- ☐ 커터칼
- ☐ 유성펜
- ☐ 신문지
- ☐ 비닐 봉투(대·소)
- ☐ 물티슈
- ☐ 청소도구
- ☐ 휴지
- ☐ 보온 물주머니, 핫팩(겨울철)
- ☐ 순간 냉각팩(여름철)
- ☐ 건전지용 선풍기(여름철)

> 성인 한 사람이 가져갈 수 있는 무게는 고양이를 포함해 10~15kg이다. 현실적으로 고려해 판단해야 한다.

Goods

보호자를 위한 비상용품 목록

보호자가 살아야 고양이를 지킬 수 있다.
처음에 가져가야 할 물품, 모아두었다가 나중에 가져갈 물품 등으로 나누어 구비한다.

비상 소지품

- ☐ 지병 약, 상비약
- ☐ 헤드라이트, 손전등
- ☐ 휴대용 라디오
- ☐ 휴대폰 충전기
  (건전지용 충전기를 준비한다)
- ☐ 헬멧, 방재모자
- ☐ 목장갑, 마스크

- ☐ 건전지
- ☐ 라이터
- ☐ 초
- ☐ 다용도칼(맥가이버칼)
- ☐ 현금, 동전
- ☐ 대피 장소 등이 표기된 지도
- ☐ 비상 담요(은박 보온 담요)

식품

- ☐ 물
- ☐ 주식(간편식 밥, 면 등)
- ☐ 주메뉴(간편식 식품, 냉동식품 등)
- ☐ 통조림(고기나 생선 반찬, 과일, 콩 종류 등)
  * 따개 없이 딸 수 있는 것

- ☐ 채소 주스, 채소 수프
- ☐ 가열 없이 먹는 음식(치즈 등)
- ☐ 과자류(초콜릿, 사탕 등)
- ☐ 건강보조식품
- ☐ 조미료(간장, 소금 등)

> 물은 성인 한 사람당 1일 2~3L가 필요하다. 차나 주스를 마셔도 된다.

> 재난 상황일수록 영양가 있고 맛있는 음식을 먹어야 한다. 판매되는 재난 대비 비상식량 외에 맛있는 간편식품을 찾아본다.

생활용품

- ☐ 휴지
- ☐ 여행용 티슈
- ☐ 가스버너, 부탄가스
- ☐ 비상용 간이 화장실
- ☐ 라텍스 장갑(일회용)

- ☐ 세면도구, 칫솔, 가글액
- ☐ 물 없이 사용하는 샴푸
- ☐ 살균 소독제
- ☐ 의류, 속옷

여성 용품

- ☐ 생리용품
- ☐ 팬티라이너
- ☐ 휴대용 비데
- ☐ 머리끈

- ☐ 화장수 등 기초 화장품
- ☐ 호신용 경보기, 호루라기
- ☐ 브라 톱 티셔츠

한데 모아두면 좋은 귀중품

- ☐ 통장
- ☐ 주식
- ☐ 면허증
- ☐ 건강보험증

- ☐ 약 내역 수첩
- ☐ 연금 수첩
- ☐ 인감
- ☐ 가족사진

종이로 된 것은 지퍼백에 넣으면 좋다.

고양이 건강수첩

대피 생활 중 고양이를 맡길 사람에게 전달할 정보를 적는다.
* 여러 마리가 있을 때는 복사해 사용한다.

고양이 이름		성별	남자 ♂ 여자 ♀

얼굴, 털, 무늬, 꼬리 등
특징을 알 수 있는 사진

품종		생일	년 월 일
털 무늬		꼬리	

고양이 자료

- 목줄 있음 / 없음 (특징   )
- 인식표 있음 / 없음 (특징   )
- 마이크로칩 있음 / 없음 (번호   )

건강관리

중성화수술	수술일
했음 / 하지 않음	년 월 일
백신 접종	마지막 접종일
했음 / 하지 않음	년 월 일 백신 종류( )

식사	주식 종류	
	식사 횟수	먹는 양
질환	고양이 면역결핍증 바이러스 (고양이 에이즈) 음성 / 양성	고양이 백혈병 바이러스 음성 / 양성
	그외 지병 언제부터 ( )	
	질환 약(약 이름, 투약량, 투약 횟수 등)	
보호자	이름	
	주소	
	전화번호	이메일
단골 동물병원	병원 이름	
	전화번호	
	주소	
	진료 시간	휴진일

tool 정보 수집 & 안부 확인 방법

재난 시에는 올바른 정보를 파악할 수 있느냐로 명암이 갈리기도 한다.
가족과 연락할 방법을 찾는다.

전화가 먹통이어도 휴대폰의 긴급전화 이용이나 카카오톡이나 모바일 메신저 등으로 소통할 수도 있다.

도움이 되는 계정을 팔로우한다

행정안전부　@withyou3542
소방청　@safeppy
기상청　@kma_skylove
기상청 지진화산정보서비스　@KMA_earthquake
국가교통정보센터　@HappyTraffic
KBS 뉴스　@KBSnews 등

살고 있는 지역의 계정을 팔로우한다

서울경찰청 교통정보센터　@poltraffic02
대구교통정보센터　@poltra053
광주소방서　@gwangju119 등

SNS를 사용한다

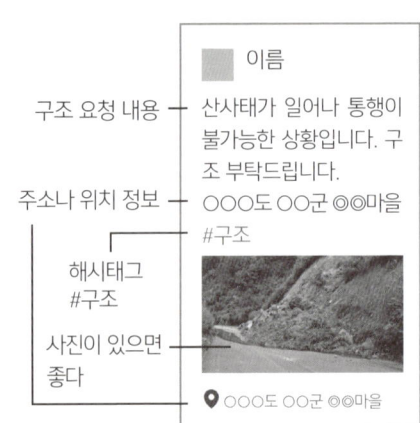

- 구조 요청 내용: 산사태가 일어나 통행이 불가능한 상황입니다. 구조 부탁드립니다.
- 주소나 위치 정보: ○○○도 ○○군 ◎◎마을 #구조
- 해시태그: #구조
- 사진이 있으면 좋다

재난 시에는 전화 회선이 마비되어 긴급신고전화(112, 119)도 연결되지 않을 때가 있다. 이럴 때에는 카카오톡이나 모바일 메신저 등을 이용한다.

* 2017년 허리케인 피해를 입은 미국에서 SNS에 도움을 요청하는 글을 올려 구조된 사례가 있었다. 2023년 튀르키예 지진에서는 대학생이 매몰된 건물 안에서 SNS로 구조를 요청해 목숨을 건졌다._옮긴이

카카오톡이나 모바일 메신저 사용

카카오톡이나 모바일 메신저는 재난 시 전화나 문자가 먹통이어도 사용할 수 있는 수단이다. 가족과 친구의 안부를 확인하는 데 이용할 수 있다. 일반 전화 회선이 불통이어도 인터넷 회선이 연결되어 있으면 이용할 수 있다.

가족과 친구의 안부 확인하기

미리 그룹을 만들어 두면 안부 확인을 비롯해 메시지를 주고받기가 쉽다. 메시지를 읽지 않았다면 현재 다급한 상황임을 알 수 있다.

위치 공유하기

장거리를 걸어 집에 가야 하거나, 같은 대피 장소라도 있는 곳이 달라 가족과 만나지 못할 때도 많다. 위치 공유하기 기능이 도움이 된다.

자신의 상황 알리기

프로필에서 '상태 메시지'를 변경함으로써 자신의 상황이나 위치를 친구로 등록된 사람들에게 알릴 수 있다.

그외 도움이 되는 사이트

행정안전부　www.mois.go.kr
기상청　www.weather.go.kr
국민재난안전포털　www.safekorea.go.kr
생활안전정보　www.safemap.go.kr
응급의료포털　www.e-gen.or.kr
<스마트폰 앱> 안전디딤돌, 생활안전정보

책공장더불어의 책

고양이 질병의 모든 것
40년간 3번의 개정판을 낸 고양이 질병 책의 바이블. 고양이가 건강할 때, 이상 증상을 보일 때, 아플 때 등 모든 순간에 곁에 두고 봐야 할 책이다. 질병의 예방과 관리, 증상과 징후, 치료법에 대한 모든 해답을 완벽하게 찾을 수 있다.

바래다 줄 수 있다면
아이가 삶을 다했을 때 천국까지 바래다 줄 수 있다면 얼마나 좋을까. 절벽을 오르고 불구덩이를 지나 씩씩하게 천국까지 바래다 주는 내용의 그림책.

고양이 그림일기
(한국출판문화산업진흥원 이달의 읽을 만한 책)
장군이와 흰둥이, 두 고양이와 그림 그리는 한 인간의 일 년 치 그림일기. 종이 다른 개체가 서로의 삶의 방법을 존중하며 사는 잔잔하고 소소한 이야기.

고양이 임보일기
《고양이 그림일기》의 이새벽 작가가 그린 새끼 고양이 다섯 마리를 구조해서 입양 보내기까지의 시끌벅적한 임보 이야기.

다정한 사신
일러스트레이터 제니 진야가 그려낸 고통받는 동물들을 새로운 삶의 공간으로 안내하는 위로의 그래픽 노블.

고양이는 언제나 고양이였다
고양이를 사랑하는 나라 튀르키예의, 고양이를 사랑하는 작가가 고양이에게 보내는 러브레터. 고양이를 통해 세상을 보는 사람들을 위한 아름다운 고양이 그림책.

우주식당에서 만나 (한국어린이교육문화연구원 으뜸책)
2010년 볼로냐 어린이도서전에서 올해의 일러스트레이터로 선정되었던 신현아 작가가 반려동물과 함께 사는 이야기를 네 편의 작품으로 묶었다.

나비가 없는 세상
(어린이도서연구회에서 뽑은 어린이·청소년 책)
고양이 만화가 김은희 작가가 그려내는 한국 고양이 만화의 고전. 신디, 페르캉, 추새. 개성 강한 세 마리 고양이와 만화가의 달콤쌉싸래한 동거 이야기.

개·고양이 자연주의 육아백과
세계적인 홀리스틱 수의사 피케른의 개와 고양이를 위한 자연주의 육아백과. 50만 부 이상 팔린 세계적인 베스트셀러로 최상의 식단, 올바른 생활관, 각종 병에 대한 대처법이 수록되어 있다.

개, 고양이 사료의 진실
미국에서 스테디셀러를 기록하고 있는 책으로 반려동물 사료에 대한 알려지지 않은 진실을 폭로한다.

우리 아이가 아파요!
개·고양이 필수 건강 백과
새로운 예방접종 스케줄부터 우리나라 사정에 맞는 나이대별 흔한 질병, 노령 동물 돌보기까지 반려동물을 건강하게 키울 수 있는 필수 건강백서.

순종 개, 품종 고양이가 좋아요?
품종 동물은 700개에 달하는 유전질환으로 고통받는다. 품종 개와 고양이가 왜 질병과 고통에 시달리는지, 건강한 반려동물을 입양하려면 어찌해야 하는지 동물복지 수의사가 알려준다.

동물에 대한 예의가 필요해
저자는 청소년들에게 우리는 동물들과 어떤 관계를 맺어야 하는지 그림을 통해 이야기한다. 냅킨에 쓱쓱 그린 그림을 통해 동물들의 목소리를 들을 수 있다.

동물과 이야기하는 여자
〈TV 동물농장〉에 출연해 화제가 되었던 애니멀 커뮤니케이터가 동물들과 나눈 감동의 이야기. 아픈 개, 안락사를 원하는 고양이 등과 대화를 통해 문제를 해결한다.

동물을 만나고 좋은 사람이 되었다 (한국출판문화산업진흥원 출판 콘텐츠 창작자금지원 선정)
개, 고양이와 살게 되면서 반려인은 동물의 눈으로, 약자의 눈으로 세상을 보는 법을 배운다. 조금 불편해졌지만 더 좋은 사람이 되어 가는 인간의 성장기.

동물을 위해 책을 읽습니다 (한국출판문화산업진흥원 출판 콘텐츠 창작자금지원 선정, 국립중앙도서관 사서 추천 도서)
우리는 우리가 사랑하고, 입고, 먹고, 즐기는 동물과 어떤 관계를 맺어야 할까? 100여 편의 책 속에서 길을 찾는다.

인간과 개, 고양이의 관계심리학
함께 살면 개, 고양이와 반려인은 닮을까? 동물학대는 인간학대로 이어질까? 248가지 심리실험을 통해 알아보는 인간과 동물이 서로에게 미치는 영향에 관한 심리 해설서.

유기동물에 관한 슬픈 보고서 (환경부 선정 우수환경도서, 어린이도서연구회에서 뽑은 어린이·청소년 책, 한국간행물윤리위원회 좋은 책, 어린이문화진흥회 좋은 어린이책)
동물보호소에서 안락사를 기다리는 유기견, 유기묘의 모습을 사진으로 담았다. 버려져 죽임을 당하는 그들의 모습을 통해 인간이 애써 외면하는 불편한 진실을 고발한다.

유기견 입양 교과서
보호소에 입소한 유기견은 안락사와 입양이라는 생사의 갈림길 앞에 선다. 입양을 위해 어떻게 교육하고 어떤 노력을 해야 하는지 차근차근 알려준다.

임신하면 왜 개, 고양이를 버릴까?
임신, 출산으로 반려동물을 버리는 나라는 한국이 유일하다. 임신, 육아로 반려동물을 버리는 사회현상에 대한 분석과 임신, 육아 기간을 안전하게 보내는 생활법을 소개한다.

후쿠시마에 남겨진 동물들 (미래창조과학부 선정 우수과학도서, 환경부 선정 우수환경도서, 환경정의 청소년 환경책)
2011년 3월 11일, 대지진에 이은 원전 폭발로 사람들이 떠난 일본 후쿠시마. 다큐멘터리 사진 작가가 담은 '죽음의 땅'에 남겨진 동물들의 슬픈 기록.

후쿠시마의 고양이 (한국어린이교육문화연구원 으뜸책)
동일본대지진 이후 5년. 사람이 사라진 후쿠시마에서 살처분 명령이 내려진 동물을 죽이지 않고 돌보고 있는 사람과 함께 사는 두 고양이의 모습을 담은 사진집.

펫로스 반려동물의 죽음 (아마존닷컴 올해의 책)
동물 호스피스 활동가 리타 레이놀즈가 들려주는 반려동물의 죽음과 무지개다리 너머의 이야기. 펫로스(pet loss)란 반려동물을 잃은 반려인의 깊은 슬픔을 말한다.

깃털, 떠난 고양이에게 쓰는 편지
프랑스 작가 클로드 앙스가리가 먼저 떠난 고양이에게 보내는 편지. 한 마리 고양이의 삶과 죽음, 상실과 부재의 고통, 동물의 영혼에 대해 써 내려간다.

고양이 천국 (어린이도서연구회에서 뽑은 어린이·청소년 책)
고양이와 이별한 이들을 위한 그림책. 실컷 놀고, 먹고, 자고 싶은 곳에서 잘 수 있는 곳. 그러다가 함께 살던 가족이 그리울 때면 잠시 다녀가는 고양이 천국의 모습을 그려냈다.

강아지 천국
반려견과 이별한 이들을 위한 그림책. 행복하게 지내다가 천국의 문 앞에서 사람 가족이 오기를 기다리는 무지개다리 너머 반려견의 이야기.

개와 함께 살아남기!
재난 대비 생존북
화재·지진·폭우·폭설이 잦아진 기후 재난의 시대. 개와 함께 재난을 대비하고, 안전하게 대피하는 방법을 알아본다.

수술 실습견 쿵쿵따
수술 경험이 필요한 수의사들을 위해 수술대에 올랐던 개 쿵쿵따. 8년을 수술 실습견으로, 10년을 행복한 반려견으로 산 이야기.

장애견 모리 (한국출판문화산업진흥원 중소출판사 우수 콘텐츠 제작지원 선정, 학교도서관저널 이달의 책)
21살의 수의대생이 다리 셋인 장애견을 입양한 후 약자에 배려 없는 세상을 마주한다.

개.똥.승. (세종도서 문학 부문)
어린이집의 교사면서 백구 세 마리와 사는 스님이 지구에서 다른 생명체와 더불어 좋은 삶을 사는 방법, 모든 생명이 똑같이 소중하다는 진리를 유쾌하게 들려준다.

개가 행복해지는 긍정교육
개의 심리와 행동학을 바탕으로 한 긍정교육법으로 50만 부 이상 판매된 반려인의 필독서. 짖기, 물기, 대소변 가리기, 분리불안 등의 문제를 평화롭게 해결한다.

개 피부병의 모든 것

홀리스틱 수의사인 저자는 상업사료의 열악한 영양과 과도한 약물 사용을 피부병 증가의 원인으로 꼽는다. 제대로 된 피부병 예방법과 치료법을 제시한다.

암 전문 수의사는 어떻게 암을 이겼나

암에 걸린 세계 최고의 암 수술 전문 수의사가 동물 환자들을 통해 배운 질병과 삶의 기쁨에 관한 이야기가 유쾌하고 따뜻하게 펼쳐진다.

버려진 개들의 언덕 (학교도서관저널 추천도서)

버려져서 동네 언덕에서 살게 된 개들의 이야기. 새끼를 낳아 키우고, 사람들에게 학대를 당하면서도 치열하게 살아가는 생명들의 2년간의 관찰기.

개에게 인간은 친구일까?

인간에 의해 버려지고 착취당하고 고통받는 우리가 몰랐던 개 이야기. 다양한 방법으로 개를 구조하고 보살피는 사람들의 아름다운 이야기가 그려진다.

노견 만세

퓰리처상을 수상한 글 작가와 사진 작가가 나이든 개를 위해 만든 사진 에세이. 저마다 생애 최고의 마지막 나날을 보내는 노견들에게 보내는 찬사.

치료견 치로리 (어린이문화진흥회 좋은 어린이책)

비 오는 날 쓰레기장에 버려진 잡종 개 치로리. 죽음 직전 구조된 치로리는 치료견이 되어 전신마비 환자를 일으키고, 은둔형 외톨이 소년을 치료하는 등 기적을 일으킨다.

사람을 돕는 개

(한국어린이교육문화연구원 으뜸책, 학교도서관저널 추천도서)

안내견, 청각장애인 도우미견 등 장애인을 돕는 도우미견과 인명구조견, 흰개미탐지견, 검역견 등 사람과 함께 맡은 역할을 해내는 특수견을 만나본다.

용산 개 방실이 (어린이도서연구회에서 뽑은 어린이·청소년 책, 평화박물관 평화책)

용산에도 반려견을 키우며 일상을 살아가던 이웃이 살고 있었다. 용산 참사로 갑자기 아빠가 떠난 뒤 24일간 음식을 거부하고 스스로 아빠를 따라간 반려견 방실이 이야기.

퇴역 경주마 초롱이

뉴질랜드에서 태어나 한국에서 경주마로 고작 2년을 뛰다가 퇴출된 초롱이. 아픈 다리로 12년간 승용마 생활을 견뎠다. 좋은 엄마를 만나 말처럼 살았던 초롱이 이야기.

채식하는 사자 리틀타이크

(아침독서 추천도서, 교육방송 EBS 〈지식채널e〉 방영)

육식동물인 사자 리틀타이크는 평생 채식 사자로 살며 개, 고양이, 양 등과 평화롭게 살았다. 종의 본능을 거부한 채식 사자의 아름다운 삶의 기록.

대단한 돼지 에스더

(환경부 선정 우수환경도서, 학교도서관저널 추천도서)

인간과 동물 사이의 사랑이 얼마나 많은 것을 변화시킬 수 있을까?. 300킬로그램의 돼지 덕분에 채식을 하고, 동물보호 활동가가 되는 놀랍고도 행복한 이야기.

실험 쥐 구름과 별

동물실험 후 안락사 직전의 실험 쥐 20마리가 구조되었다. 일반인에게 입양된 후 평범하고 행복한 시간을 보낸 그들의 삶을 기록했다.

사향고양이의 눈물을 마시다 (한국출판문화산업진흥원 우수출판 콘텐츠 제작지원 선정, 환경부 선정 우수환경도서, 학교도서관저널 추천도서, 국립중앙도서관 사서가 추천하는 휴가철에 읽기 좋은 책, 환경정의 올해의 환경책)

내가 마신 커피 때문에 인도네시아 사향고양이가 고통받는다고? 내 선택이 세계 동물에게 미치는 영향, 동물을 죽이는 것이 아니라 살리는 선택에 대해 알아본다.

황금 털 늑대 (학교도서관저널 추천도서)

공장에 가두고 황금빛 털을 빼앗는 인간의 탐욕에 맞서 늑대들이 마침내 해방을 향해 달려간다. 생명을 숫자가 아니라 이름으로 부르라는 소중함을 알려주는 그림책.

적색목록 (한국만화영상진흥원의 2021년 다양성만화제작 지원사업과 2023년 독립출판만화 제작 지원사업 선정)
끝없이 멸종위기종으로 태어나 인간에게 죽임을 당하는 동물들을 그린 그래픽 노블. 인간은 홀로 살아남을 것인가?

숲에서 태어나 길 위에 서다 (환경정의 올해의 청소년 환경책, 환경부 환경도서 출판 지원사업 선정)
한 해에 로드킬로 죽는 야생동물 200만 마리. 인간과 야생동물이 공존할 수 있는 방법을 찾는 현장 과학자의 야생동물 로드킬에 대한 기록.

동물복지 수의사의 동물 따라 세계 여행
(환경정의 올해의 청소년 환경책, 한국출판문화산업진흥원 중소출판사 우수 콘텐츠 제작지원 선정, 학교도서관저널 추천도서)
동물원에서 일하던 수의사가 동물원을 나와 세계 19개국 178곳의 동물원, 동물보호구역을 다니며 동물원의 존재 이유에 대해 묻는다. 동물에게 윤리적인 여행이란 어떤 것일까?

동물학대의 사회학 (학교도서관저널 올해의 책)
동물학대와 인간폭력 사이의 관계를 설명한다. 페미니즘 이론 등 여러 이론적 관점을 소개하면서 앞으로 동물학대 연구가 나아갈 방향을 제시한다.

동물주의 선언 (환경부 선정 우수환경도서)
현재 가장 영향력 있는 정치철학자가 쓴 인간과 동물이 공존하는 사회로 가기 위한 철학적·실천적 지침서.

동물노동
인간이 농장동물, 실험동물 등 거의 모든 동물을 착취하면서 사는 세상에서 동물노동에 대해 묻는 책. 동물을 노동자로 인정하면 그들의 지위가 향상될까?

인간과 동물, 유대와 배신의 탄생
(환경부 선정 우수환경도서, 환경정의 선정 올해의 환경책)
미국 최대의 동물보호단체 대표가 쓴 21세기 동물해방의 새로운 지침서. 농장동물, 산업화된 반려동물 산업, 실험동물 등 현대의 모든 동물학대에 대해 다루고 있다.

동물들의 인간 심판 (대한출판문화협회 올해의 청소년 교양도서, 세종도서 교양 부문, 환경정의 청소년 환경책, 아침독서 청소년 추천도서, 학교도서관저널 추천도서)
동물을 학대하고, 학살하는 범죄를 저지른 인간이 동물 법정에 선다. 고양이, 돼지, 소 등은 인간의 범죄를 증언하고 개는 인간을 변호한다. 이 기묘한 재판의 결과는?

묻다 (환경부 선정 우수환경도서, 환경정의 올해의 환경책)
구제역, 조류독감으로 거의 매년 동물의 살처분이 이뤄진다. 사진 작가의 전염병에 의한 동물 살처분 매몰지에 대한 기록.

동물원 동물은 행복할까?
(환경부 선정 우수환경도서, 학교도서관저널 추천도서)
동물원 북극곰은 야생에서 필요한 공간보다 100만 배 작은 공간에 갇혀 살고 있다. 야생동물보호운동 활동가가 기록한 동물원에 갇힌 야생동물의 참혹한 삶.

고등학생의 국내 동물원 평가 보고서
(환경부 선정 우수환경도서)
인간이 만든 '도시의 야생동물 서식지' 동물원에서는 무슨 일이 일어나고 있나? 국내 9개 주요 동물원이 종보전, 동물복지 등 현대 동물원의 역할을 제대로 하고 있는지 평가했다.

동물 쇼의 웃음 쇼 동물의 눈물
(한국출판문화산업진흥원 청소년 권장도서, 한국출판문화산업진흥원 청소년 북토큰 도서)
동물 서커스와 전시, TV와 영화 속 동물 연기자, 투우, 투견, 경마 등 동물을 이용해서 돈을 버는 오락산업 속 고통받는 동물들의 숨겨진 진실을 밝힌다.

야생동물병원 24시 (어린이도서연구회에서 뽑은 어린이·청소년 책, 한국출판문화산업진흥원 청소년 북토큰 도서)
로드킬 당한 삵, 밀렵꾼의 총에 맞은 독수리, 건강을 되찾아 자연으로 돌아가는 너구리 등 대한민국 야생동물이 사람과 부대끼며 살아가는 슬프고도 아름다운 이야기.

책공장더불어 http://blog.naver.com/animalbook 페이스북 @animalbook4 인스타그램 @animalbook.modoo

똥으로 종이를 만드는 코끼리 아저씨
(환경부 선정 우수환경도서, 한국출판문화산업진흥원 청소년 권장도서, 서울시교육청 어린이도서관 여름 방학 권장도서, 한국출판문화산업진흥원 청소년 북토큰 도서)
코끼리 똥으로 만든 재생종이 책. 코끼리 똥으로 종이와 책을 만들면서 사람과 코끼리가 평화롭게 살게 된 이야기를 코끼리 똥 종이에 그려냈다.

고통받은 동물들의 평생 안식처 동물보호구역
(환경부 선정 우수환경도서, 환경정의 올해의 어린이 환경책, 한국어린이교육문화연구원 으뜸책)
고통받다가 구조되었지만 오갈 데 없었던 야생동물의 평생 보금자리. 저자와 함께 전 세계 동물보호구역을 다니면서 행복하게 살고 있는 동물을 만난다.

물범 사냥 (노르웨이국제문학협회 번역 지원 선정)
물범 사냥 어선에 감독관으로 승선한 마리는 낯선 남자들과 6주를 보내야 한다. 남성과 여성, 인간과 동물, 세상이 평등하다고 믿는 사람들에게 펼쳐 보이는 세상.

동물은 전쟁에 어떻게 사용되나?
전쟁은 인간만의 고통일까? 자살폭탄 테러범이 된 개 등 고대부터 현대 최첨단 무기까지, 우리가 몰랐던 동물 착취의 역사.

전쟁과 개 고양이 대학살
1939년, 영국에서 한 달 동안 40만 마리의 개, 고양이가 안락사되었다. 전쟁 시 인간에게 반려동물이란 무엇일까?

어쩌다 햄스터
사랑스러운 햄스터와 초보 집사가 펼치는 좌충우돌 동물 만화. 햄스터를 건강하게 오래 키울 수 있는 특급 노하우가 가득하다.

햄스터
햄스터를 사랑한 수의사가 쓴 햄스터 행복·건강 교과서. 습성, 건강관리, 건강식단 등 햄스터 돌보기 완벽 가이드.

토끼
토끼를 건강하고 행복하게 오래 키울 수 있도록 돕는 육아 지침서. 습성·식단·행동·감정·놀이·질병 등 토끼에 관한 모든 것을 담았다.

토끼 질병의 모든 것
토끼의 건강과 질병에 관한 모든 것, 질병의 예방과 관리, 증상, 치료법, 홈 케어까지 완벽한 해답을 담았다.

**고양이와 함께 살아남기!
재난 대비 생존북**

초판 1쇄 2025년 8월 12일

엮은이 네코비요리 편집부
옮긴이 전화영
편집 김수미, 김보경

교정 김수미
디자인 나디하 스튜디오(khj9490@naver.com)

인쇄제작 정원문화인쇄
펴낸이 김보경
펴낸곳 책공장더불어

책공장더불어
주소 서울시 종로구 혜화로16길 40
대표전화 (02)766-8406
이메일 animalbook@naver.com
블로그 http://blog.naver.com/animalbook
인스타그램 @animalbook.modoo

ISBN 978-89-97137-96-1 (03520)

*잘못된 책은 바꾸어 드립니다.
*값은 뒤표지에 있습니다.